張成秋撰

莊子篇目考

李漁叔題

李序

門人張成秋碩士，昔歲肄業國立臺灣師範大學，與同舍張仁青張夢機皆年少秀出儕輩。仁青工爲文，藻思綺合，夢機善詩，屬句秀拔，而成秋獨好義理之學，尤於先秦諸子，鉤深探微，鍥而不舍，漁因以三張目之。於講論時每詢三子意云何，於是師友相傳，名業日振。

成秋爲學好深思，致辨嚴而持論正，嘗慨然以紹述先聖絕學自任，視時人以夸毗詭誕獵浮名誤後學者，輒力闢之；雖爲人所詆排不顧也。自近數十年還，桀黠之士，思欲欺世盜名，則亦於學無所不窺，惟中實枵然，徒以摧破傳統，顛覆舊說爲尚，惶駭物論，自文其陋。於羣言之取舍，視與其搆想符合與否；尤逕庭者陰持兩端，或竟斥以爲僞。又對某一學術詞翰，本一無所通解，而亦大睨高談，備致荼毒；遇積學之士，究責其奸欺，則遁而之它耳。然其風足以鼓盪一世，若有大力挾之而趨，學術人心，因而大壞，寖至橫決不可復挽。

成秋於莊子一書，用思有年，近撰莊子篇目考，頗陳己見，其莊敬謹飭之忱如昔，於漆園所著諸篇，辨別眞僞，不肯與世師共其紛紜。成秋方在英年，爲學日進無量，漁獨喜其致力之勤與擇術之正，謂頗賚攻錯而遏橫流。所冀當世宿學有道，引而進之，俾能提衡得失，於張皇幽渺，致其憤悱之力，竭其翼衞之功，實成秋之大幸也。

辛亥七月墨堂居士李漁叔

自序

余賦性所積，素好思辨之事。曩者負笈上庠，及深造於中國文化學院國文研究所，卽寢饋篇籍，博涉經子，歷時日久，遂稍有心得。爰於所主任林景伊教授之悉心指導下，撰成先秦道家思想研究一書，以略抒所見。該書已交臺灣中華書局出版，不日卽可問世，實乃余研究先秦諸子之初步所得也。光陰荏苒，時日忽忽，自碩士班卒業以來，於今又復數載。因感於思想之基礎在資料，資料之正確在考證，爲求結論之精確，不可不進行考證之事。而莊子一書，旣非漢志之舊，古今學者，復衆說紛紜。倘集此懷疑之說而信之，則今本莊子，不有十之七八未可讀耶？而研究莊子思想之根基，又豈非完全動搖乎？此不可不予注意者也。遂不揣冒昧，考察是書，舉其篇章有關之資料，一一予以搜集整理。上溯其原始，下究其流變，中審其篇章，旁求其佚文，歸納分析，不遺餘力。歷時二載，而茲書乃成。原夫莊子之書，實非出自一手，然其內篇，則絕多漆園之筆墨。外篇雜篇，雖出乎莊周之弟子，或其他各派之學者，然亦多中莊子之學，固不可棄也。其中駢拇馬蹄在宥天道秋水至樂達生山木知北遊外物寓言列御寇天下等篇，仍多極爲重要之參考資料。天下篇尤無可疑，作者如非莊叟本人，卽爲其私淑弟子。此見與傳統之論大致相合，然與疑古派之反對意見，則相去不可以道理計矣。予於各篇之研判，雖已竭盡其歸納分析之力，與夫愼思明辨之功，然其所得，仍恐有不足之處，尚祈海內賢達，進而教之，則異日補苴罅漏，或更能精益求精也。本書之成，蒙李教授漁叔，百忙之中，代爲署耑，並爲賜序，使本書生色不少；嚴教授靈峯，賜借參考資料，愛護有加，尤其令人感激，謹此一幷致謝。

中華民國六十年元月十六日遼北張成秋謹序

目次

第一章　今本莊子三十三篇之形成

一、問題之產生

漢書藝文志道家云：「莊子五十二篇。」此係班固所見莊子之篇數。班固所見之莊子，雖未必爲莊子之原書，然其較諸今本，更爲接近莊書之本來面目，可斷言也。第以今本莊子與之比較，今書內篇七、外篇十五、雜篇十一，合計三十三篇，比之漢志所言，尚有壹拾玖篇付之闕如。

復以字數而論，史記老莊申韓列傳云：「莊子……著書十餘萬言，大抵率寓言也。」而今本莊子之字數，據本人統計，內篇共一三三三九字；外篇共二八〇八九字；雜篇共二三二七八字；合計共凡六四六〇六字。（詳見附表）則與史記所述，至少尚差四萬字以上，約佔現有字數三分之二。

故以篇數論，今本三十三篇，較漢初莊子缺一十九篇，佔二分之一強；以字數而論，今本莊子較漢代所見者缺短至少四萬字以上，佔三分之二左右，則現有莊子之殘缺情形，可謂嚴重已極，豈非一大憾事？此則今本莊子所存之問題一。

再以現存莊子而論，問題亦甚複雜。雜篇讓王、盜跖、說劍、漁父四篇，自蘇子瞻氏已言其僞；外篇駢拇、馬蹄、胠篋、在宥、繕性諸篇，吳澄、蘇輿之徒，亦抱存疑態度；天下篇雖屬雜篇，然向以莊書總序目之，自有其獨特之地位，而古今學者，猶然聚訟紛紜，莫衷一是，甚者且有謂其旨在崇儒，而將其作者歸於儒家。內篇，向以爲莊子書中最可靠之部份，而葉國慶莊子研究仍指其人間世篇非莊子所作。倘以古今學者論莊書之言觀之，則今本莊子幾無一可信，篇篇皆僞。此亦所以啓吾人之疑竇者二。

夫學術思想之研究，以資料爲本。無資料以爲依據，則憑空立論，信口開河，鮮有不漏洞比比、破綻百出者也。矧今之莊子，既非全本，而所存之書，又疑竇叢叢，眞僞相參，則據以討論莊子思想，豈非方枘圓鑿，格格不入，與漆園要旨，大相徑庭者哉？故吾人對於今本莊子，實有詳加探討細心研判之必要。其本來之面目如何？其殘缺之原因何在？經過如何？最主要者，今存莊子，可信之程度究竟如何？必須求一較爲可靠之答案。此即本人執筆撰此論文之動機，與其所欲達到之目的。

〔附表〕今本莊子三十三篇字數統計表

內篇　共一三二三九字

逍遙遊	一四七五字	齊物論	二七九一字	養生主	四六〇字
人間世	二八〇五字	德充符	一六九五字	大宗師	二九〇九字
應帝王	一一〇四字				

外篇　共二八〇八九字

駢拇	一〇四二字	馬蹄	五六五字	胠篋	一二八二字
在宥	二二八四字	天地	三一六四字	天道	二三二五字
天運	二五四二字	刻意	六四八字	繕性	六四一字
秋水	二八〇三字	至樂	二四一六字	達生	二三七三字
山木	二一九〇字	田子方	二一七七字	知北遊	二六三七字

雜篇　共二三二七八字

庚桑楚	二五五八字	徐无鬼	三三九七字	則陽	二五三四字
外物	一三八七字	寓言	九三一字	讓王	二七一四字
盜跖	三一〇四字	說劍	八六〇字	漁父	一五四四字
列御寇	一六〇〇字	天下	二六四九字		

內外雜總計　六四六〇六字

二、莊子書之原始面目

莊子之書，因莊周而有。莊周戰國宋之蒙人也。其生約當周烈王六年，而卒年約在周赧王十五年（西元前三七〇年——三〇〇年），大致無可疑者。故莊子書最原始之著作，不得早於戰國之時。

莊子書之原始面目如何？以時代淹久，文獻闕如，難以率爾斷定。但以諸子成書之例言之，其所包資料，可推斷爲兩種情形：一、莊子本人所自撰者；二、雖非莊子自著，而由其門弟子或後代傳人，直接間接就莊子之意據實記載者。此兩種情形，雖不相同，但均屬於莊子本人之思想，乃可斷言。故就價值而論，此部資料，自是不同凡響。

此時莊書之實際狀況如何？書既不存，復無史家之記載傳示後人，則吾人亦感渺茫莫測。最早言及莊書者，以今日之史料言，厥爲太史公之史記。史記老莊申韓列傳云：「莊子……著書十餘萬言，大抵率寓言也。」此太史公所見之莊子也。太史公作史記，當漢武帝太初元年（西元前一〇四年），約去莊子之卒，已兩百年。假設太史公所見爲最初成書之本，則其面目如何？經由何人編輯成書？實爲吾人深感興趣而急欲了解之問題，分別研討於次：

首言編書之人：編書之人，據清人俞正燮、日人武內義雄之考證，係淮南王劉安之門下士。（註一）此說不無理由。其一，劉安爲漢初之人。由戰國至漢初，雖數百年；然戰國紛亂，民苦流離，羣雄之間，方力征之不暇，奚復得以著力於斯文之整理？至於暴秦之世，執政殘刻寡恩，惟力是尙，拑制思想，鄙棄儒文，何能反其素行，實施故書之編輯？是此二者，皆不甚可能。然而漢初承平，黃老思想大行，則於此時整理原有資料，而綴輯成書，其可能性自然極大。其二，據俞正燮癸巳存稿、文選張景陽七命注，曾引淮南王劉安之莊子略要及莊子后解。俞正燮曰：「文選謝靈運入華子岡詩、江文通擬許詢詩、陶淵明歸去來辭、任彥昇齊竟陵王行狀注，並引淮南王莊子略要：『江海之士，山谷之人，輕天下細萬物而獨往者也。』又並引司馬彪曰：『獨任自然，不復顧世。』則彪本五十二篇中有淮南王略要，或漢志五十二篇爲淮南本入秘書讎校者。」文選注曰：「莊子曰：『庚市子肩之毀玉也。』淮南子莊子后解：『庚市子，聖人無欲者也。人有爭財相鬥者，庚市子毀玉於其間而鬥者止。」按：莊子略要，宋王應麟玉海作要略，或因淮南要略而改。高誘淮南子要略篇注云：「作鴻烈之書二十篇，略數其要，明其所指，序其微妙，論其大體，故曰要略。」故要略實爲後序。略要既係要略之倒文，則亦後序之意也。至於後解，當亦指後序而言。則二篇者，乃淮南王或其門下，總論莊子之學也。淮南既輯莊子之書，復論其學，實爲順理成章之事實。

據陸德明釋文序錄所云，莊子五十二篇本，尚有解說三篇，而俞正燮復以彪本五十二篇之中，有淮南莊子略要一篇；則以吾人之推斷，略要、后解兩篇，或屬解說三篇之文也。

淮南王劉安，厲王長子；長，高皇帝之子也。禮賢士，尤好道家之言，天下方術之士，多往歸焉。於是遂與李飛、李尚左、吳田由、雷被、毛被、伍被、晉昌等八人，及諸儒大山小山之徒，共講論道德，總統仁義，撰成淮南鴻烈一書。是知劉安當漢初之時，所輯道家資料必多。且其總論莊子學術，而著莊子略要、莊子后解，則莊子之書，初步輯於劉安之手，自極可能。至少吾人可以斷言，莊子之成書，絕對不得晚於淮南王之世也。

次言其書之面目：太史公去淮南王劉安不遠，其所見者，必近乎莊書之本眞。史記老莊申韓列傳曰：「……莊子著書十餘萬言，大抵率寓言也。作漁父、盜跖、胠篋，以詆訿孔子之徒，以明老子之術。畏累虛、亢桑子之屬，皆空語無事實……。」由此可知：①太史公所見之本，總字數已有十餘萬言。②本傳未言篇數，而史公作史記在太初元年（公元前一〇四年），淮南王卒於元狩元年（公元前一二二年），二者相去甚近。若原有篇數，史公斷無不知之理。矧老子書已明言上下篇，莊子若已分篇，史公何以不言？據此事實，頗令人懷疑；或莊子之初本，並未明顯分篇，惟其中漁父、盜跖、胠篋、畏累虛、亢桑子（疑卽庚桑楚）諸片段，較爲完整，故太史公特爲一及而已。（詳見漁父、盜跖、胠篋、庚桑楚各篇之「分篇討論」，並參第七章莊子佚篇及佚文考第一節）。

至其內容，除前述莊周本身之著作，或其門弟子記其師言而外，以理推之，尙有：甲、學莊者之推理申義或模仿作品。乙、秦漢方士之託名附贅。丙、淮南門下總論莊子之文。（註二）

三、漢志五十二本篇

漢書藝文志諸子略道家云：「莊子五十二篇。」陸德明序錄曰：「漢書藝文志五十二篇，即司馬彪孟氏所注是也。」考陸氏所記，司馬彪本，凡二十一卷五十二篇，包括內篇七、外篇二十八，雜篇十四，解說三。故日本武內義雄曰：「漢志所載莊子五十二篇，由內篇七、外篇二十八，雜篇十四，解說三而成。」（莊子考）

倘釋文及武內之言不虛，則以五十二篇與今本莊子相較，內篇正如其數，外篇多出十三篇，雜篇多出三篇，至於解說三篇，亦爲今本所無。故漢志所記之莊子，共較今本莊子多出一十九篇，此二者之不同也。

蔣伯潛曰：「五十二篇本之莊子，其內容蓋極龐雜。因此書本非莊子自著，亦由莊子之後學記纂而成，且纂輯亦非一次，羼附者固不少也。」（諸子通考）

至於校定莊子五十二篇，且區分爲內外雜者，爲何人耶？吾意以爲當係劉向父子。漢志曰：「書缺簡脫，禮壞樂崩，於是建藏書之策，置寫書之官，下及諸子傳說，皆充秘府。」是知劉安門下所輯之莊子，當武帝元朔五年頃（西元前一二四年），已充秘府。俞正燮曰：「漢志五十二篇，爲淮南本所秘書讎校者。」武內義雄曰：「漢志所載莊子五十二篇……乃淮南王門下士所傳，後入於秘書，而被校讎。」（見註一）班固漢書藝文志序曰：「成帝時，以書頗散亡，使謁者陳農求遺書於天下，詔光祿大夫劉向校經傳、諸子、詩賦……每一書已，向輒條其篇目，撮其旨意，錄而奏之。會向卒，哀帝復使向子侍中奉車都尉歆，卒父業。」是以知莊子必經劉向父子之通盤整理。

四、由五十二篇本演成今本三十三篇之過程

釋文敍錄所載莊子注釋中，可考其經本之變遷者有五，其前四種已佚，僅可識其大略而已。

一、司馬彪注本

凡二十一卷、五十二篇，計開：內篇七、外篇二十八、雜篇十四、解說三，又附爲音三。司馬彪傳，見晉書卷二十八。隋書謂十六篇，注云：「本二十一卷，今闕。」兩唐志又錄爲二十一卷。當是隋末時有闕失，後來又得足本。日本現在書目錄記二十卷，其爲彪注二十一卷少一卷？或者兩唐志及釋文所錄，兼數卷目爲一卷歟？抑現在書目錄二十字之下，脫去「一」字歟？蓋未能詳矣。釋文分計篇數，云解說三，蔣伯潛以爲「似司馬彪注本別爲三卷；五十二篇中，莊子本文僅四十九篇而已。」（諸子通考）余按：解說乃指淮南王莊子略要莊子后解等論莊子之文，編入五十二篇莊子書中。

二、孟氏注本

孟氏不詳何人，據梁志（隋志引）孟氏注十八卷錄一卷，隋唐以後不錄，釋文亦絕不引之，則其佚已久，陸氏當不及見矣。但釋文敍錄云：「漢書藝文志莊子五十二篇，卽司馬彪孟氏所注是也。」則其經本，當與司馬彪本同。呂氏春秋必己篇注云：「莊子名周，宋之蒙人，著書五十二篇，名之曰莊子。」自漢至晉之莊子，皆爲五十二篇本，似皆由內篇七外篇

二十八雜篇十四解說三所構成。

三、崔譔注本

凡十卷二十七篇，包括內篇七外篇二十，缺雜篇及解說，今亡。此本較漢志少二十五篇，較今本少六篇。隋志無之，又見於新舊唐志，殆隋志失錄歟？抑佚於唐而又復出歟？唐志以後，不見於著錄。

四、向秀注本

凡二十卷二十六篇。（或作二十七篇、二十八篇）亦無雜篇及解說，有音三卷；今亡。向秀傳見晉書卷四十九。世說新語文學篇曰：「秀都無注述，唯好莊子，聊因崔譔所注，以備遺亡。」又曰：「向秀於舊注外，爲解義，妙析奇理，大暢玄風。惟秋水、至樂二篇未竟，而秀卒。」是向秀注本根據崔譔注本，於其所未明者，而加以發揮也。疑作二十八篇者是足本，作二十七篇者，或是除敍目一篇，作二十六篇者，或是除未竟之秋水、至樂兩篇也。崔本之亡，殆因向注行而崔注遂廢歟？（說見蔣伯潛諸子通考）

五、郭象注本

凡三十三卷三十三篇，包括內篇七外篇十五雜篇十一，並附音一卷，今存，惟今本改作十卷。

郭象傳見晉書卷四十九、世說新語文學篇。此本隋志作三十卷目一卷，兩唐志作十卷。

今本皆十卷三十三篇。日本現在書目錄仍作三十三卷。蔣伯潛曰：「今存莊子即此本。但檢其注，讓王篇、盜跖篇僅各三條，漁父篇僅一條，說劍篇完全無注。此七條之注，亦與他篇注例不同。豈此四篇之郭象原注已亡，此七條乃後人所補歟？」又按：「（以上五人之中），司馬彪、崔譔、向秀、郭向確皆西晉人。孟氏列於四人之間，度亦晉人。」（諸子通考）

茲就以上所言，列表明之：

代號	注本名稱	卷數	總篇數	內篇	外篇	雜篇	解說	敍目
A	司馬彪注本	二一	五十二	七	二十八	十四	三	—
B	孟氏注本	十八	五十二	七	二十八	十四	三	—
C	崔譔注本	十	二十七	七	二十	—	—	—
D	向秀注本	二〇	二十六（或27 28）	七	十八或二十	—	—	一（？）
E	郭象注本	三三	三十三	七	十五	十一	—	—

以上所言，AB兩本可為一類，皆為五十二篇，乃從漢以來之舊本。CD兩本為一類，乃晉代之删定本。E種本為一類，乃就AB本並參酌CD本而成之另一種删定本。如今ABCD四本均已亡佚，不可復見，所存者惟E種本，即郭象所注者是也。

然今本三十三篇，所删者究為何種資料耶？從郭象删定之用意，可以覘之。據日本高山寺本莊子殘卷，天下篇末，有左之一文：

「夫學者，尙以成性易知爲德，不以能政異端爲貴也。然莊子閎才命世，誠多英才偉詞，正言若反，故一曲之士，不能暢其宏旨，而妄竄異說，若閼亦意循之首，尾言遊易子胥之篇，凡諸巧離，若此之類，十分有三，或牽之令近，或迂之令誕，或以山海經，或似夢書，或出淮南，或辨形名，凡諸巧雜，而參之高韻，龍蛇並御，且辭氣鄙背，竟無深澳，而徒難知以因蒙，令沈滯失乎流，豈所以求莊子之意哉？故略而不存。令唯哉取長達，致存乎大體者，爲三十三篇者。太史公曰，莊子者名周，守蒙縣人也，曾爲周史，與魏惠齊王楚威王同時者也。」

右文爲今之莊子所無，不詳其作者，且有誤字脫字，殆不可句讀。然釋文敍錄，有左之文：

「莊生宏才命世，辭趣華深，正言若反，故莫能暢其弘致。後人增足，漸失其眞。故郭子玄云：『一曲之才，妄竄奇說。若閼奕意修之首，危言游鳧子胥之篇，凡諸巧雜，十分有三。』漢書藝文志莊子五十二篇，卽司馬彪孟氏所注是也。言多詭誕，或似山海經，或類占夢書，故注者以意去取。其內篇衆家並同，自餘或有外而無雜。唯子玄所注，特會莊生之旨，故爲世所貴。」（釋文敍錄）

兩相對照，可知卽是郭象之文，誤脫之字，亦略可是正。隋書經籍志，錄郭象注三十卷，目一卷，則此文當是郭象附於書末目錄之序。據此序所言，則由郭象及晉代注家所刪去之部份，有閼亦（奕）、意循（脩）、遊易（鳧）、尾（巵）言、子胥等篇，皆係「後人增足漸失其眞」、「言多詭誕、似山海經、占夢書、淮南子……」等部份。總之，皆爲當時認爲「巧雜」，而不足以入乎莊生之閫者也。（註三）至於所刪之份量，據其所言，約十之三。

以字數論，史公云莊子原有十餘萬言，至五十二篇本莊子之書，已經劉向父子參校，或已不足此數，持以與今本六萬餘言相校，所缺者約爲十分之三。以篇數論，五十二篇去十分之三，亦約爲今本三十三篇之數也。

蔣伯潛諸子通考曰：

「漢志諸子略道家有莊子五十二篇，今本莊子三十三篇，較漢志所錄少十九篇，則今存者蓋殘本也。」

又曰：「今僅存三十三篇之本，容亦有所亡佚，但大部乃經崔譔向秀郭象諸注家刪移增損而成。今晉人所注五本，僅存郭注一本，則莊子之本來面目如何，已不可復覩矣。」

所刪之篇目及所缺之文句，今尚有可考者，見第七章莊子佚篇及佚文考。則五十二篇莊子，雖不可覩，然其面目，尚可以模擬得之也。

復次，古書之文，與莊子重複者甚多，如列子八篇中之第一篇；高似孫子略，以謂兩書之文，相同者有十七章。蓋高氏以今本莊子與列子對照，而發現其重複。且列子中在今本莊子所無之文句，如黃帝篇：「莊子曰：海上之人，有好漚鳥者……漚鳥舞而不下。」雖不見於莊子，然而證之世說新語文學篇，知其仍係莊子之佚文。由是觀之，則列子中保存莊子佚文者尚多。且據郭象莊子序所言，今本所刪，為似山海經，占夢書者。檢今列子八篇，周穆王篇中，諒有占夢之文，而湯問篇之文，有似於山海經，惜皆不能考證其為五十二篇之佚文。其次，今本莊子之文，與淮南一致者甚多。而雖不見於今本莊子，亦可證其為莊子佚文者，更不乏其例。如淮南子道應訓：「尹需學御三年……恐子之未可與也」一段，文選魏都賦注，正引作莊子之文。由是推之，司馬彪本莊子之內容頗駁雜，而郭象之刪定本，大體上可謂去其榛蕪而存其精華者也。

五、各本之關係

(一)郭象本與向秀本

世說新語文學篇云：「秀卒，秀子幼，義遂零落，然猶有別本。郭象者，為人薄行，有儁才，見秀義不傳於世，遂竊以為己注，乃自注秋水、至樂二篇，又易馬蹄一篇，其餘眾篇，或點定文句而已。後秀義別本出，故今有向郭二莊，其義一也。」晉書郭象傳，亦襲世說所記之事，世多因之，而薄象之行。自清代錢曾王讀書敏求記首發不平，異議遂多。錢氏之言曰：「予覽陸氏釋文，引向注者非一處，是秀尙有別本行世，時代遼遠，傳聞異辭，晉書云云，恐未必然也。」

錢氏之後，疑此說者，不一而足，綜其理由，不外以下數端：

①列子書中，多有莊子文句，而晉張湛作列子注時，引向秀之注，與郭注並不相同。可見向郭二氏之注，實有分別。（見馮友蘭著中國哲學史。）

②郭象僅自注三篇之說不可信：馮友蘭曰：「張湛所引郭象注，皆不在莊子秋水、至樂、馬蹄三篇之內。」（引同前條）

③釋文敍錄，向注無雜篇，而郭注有雜篇，可見二本不同。沈德鴻曰：「據經典釋文，向秀注莊子篇數，有二十六、二十七、二十八三說，並謂向注無雜篇，但今傳郭注，共三十三篇，其中雜篇佔十一，與釋文所謂向注無雜篇，固已不符。」（莊子緒言）

④郭、向二本外篇篇目，亦不盡相同：郭本今尙可見，其外篇凡共十五，而釋文所言，向本外篇共有二十。據日人武內義雄研究，向本外篇，有八篇屬莊子之雜篇。（詳下第(二)條）

⑤倘依世說所言，郭氏僅加秋水至樂二篇，改易馬蹄一篇，則即依釋文所記向注篇數三說中之最多者二十八篇言之，亦僅三十篇而已，何來三十三篇之多？（沈德鴻說）

由是可知，郭象之注本，不竊向秀明矣。

據武內義雄之研究，認爲郭象本，本於向秀本，又從司馬本而有所附益，其每篇之次第分合，不必從向本，篇內文字，亦有所校改。其注多襲向注，向注所無之部份，象自注者亦

不少。（莊子考）

(二)向秀本與崔譔本

向崔二本，同歸於一類，其篇目亦大致相同。武內義雄作莊子考，曾舉釋文中引向崔晉注，列記其外雜篇之名如下：

（外篇）駢拇　馬蹄　胠篋　在宥　天地　天運　繕性　秋水　至樂　達生　山木　知北遊

（雜篇）庚桑楚　徐无鬼　則陽　外物　寓言　盜跖　列御寇　天下

以上二十篇，適符合於釋文所謂崔譔本外篇之數。則向崔本外篇，當爲此等之篇。至其次第，則不可考矣。

諸本內篇並同，可知內篇實無多大變動，參之今本，其目當亦爲：一逍遙遊，二齊物論，三養生主，四人間世，五德充符，六大宗師，七應帝王。

崔本外篇二十，即前錄者是也，合之內篇七篇，恰爲二十七篇之數。向本或曰二十六、或曰二十七、二十八。疑其二十八篇者爲足本，乃就崔本二十七篇加敍目一篇；其作二十七篇者，與崔本同；其二十六篇者，或係就二十八篇本去其未竟之至樂秋水兩篇也。

(三)司馬彪本與郭象本

據呂氏春秋卷十四必已篇高誘注：「莊子……著書五十二篇。」是晉時五十二篇本猶存也。顧實云：司馬彪注本，隋志、新舊唐書、通志咸著錄，則是書亡於南宋矣。（顧實漢書藝文志講疏）司馬彪注今有輯本，見黃氏逸書考。

司馬本五十二篇，郭本三十三篇，差十九篇。然郭本一篇，有合司馬本及崔向本兩篇者，如天下篇是也；亦有郭本删去而不取者，如閼奕、意脩、卮言、遊鳧、子胥等篇是也。今可考知郭象從司馬本所删者，篇名凡十，佚文有二百餘條（見第七章莊子逸篇及佚文考）。又於列子及淮南子中，亦尚有部份文句，雖不能定其必爲佚文，但極可能仍爲司馬彪本莊子之所載者，以列子淮南之中，保留極多古本莊子之資料也（見前節），研究莊子思想者，尙足以取資焉。

現存郭本莊子爲十卷三十三篇，茲錄其詳目如左：

第一卷　內篇逍遙遊第一　齊物論第二
第二卷　養生主第三　人間世第四　德充符第五
第三卷　大宗師第六　應帝王第七
第四卷　外篇駢拇第八　馬蹄第九　胠篋第十　在宥第十一
第五卷　天地第十二　天道第十三　天運第十四
第六卷　刻意第十五　繕性第十六　秋水第十七　至樂第十八
第七卷　達生第十九　山木第二十　田子方第二十一　知北遊第二十二
第八卷　雜篇庚桑楚第二十三　徐无鬼第二十四　則陽第二十五
第九卷　外物第二十六　寓言第二十七　讓王第二十八　盜跖第二十九

第十卷　說劍第三十　漁父第三十一　列御寇第三十二　天下第三十三。

六、結　論

武內義雄莊子考，述五十二篇本莊子，至今本三十三篇莊子變遷之大略云：

一、漢志所載莊子五十二篇，（由內七外二十八雜十四解說三而成），乃淮南王門下士之所傳，後入於秘書，而被校讎。其內篇是輯其近於莊周之本眞者；其外篇是輯其後學之說，及與內篇重複，而異文字者；雜篇是雜載短章逸事；解說似是淮南王門下士之解釋莊子者，是爲司馬彪注及孟氏所據之舊本。

二、晉崔譔刪修五十二篇爲二十七篇，而爲之作注。此本內篇七，略襲司馬彪本之舊，間有移外雜篇之文，於內篇中，又散入解說之辭於篇內，以便觀覽。其外篇二十，據援引陸氏釋文中崔說之存否而推測之，則如駢拇、胠篋、在宥、天運、繕性、秋水、至樂、達生、山木、知北遊、庚桑楚、徐無鬼、則陽、外物、寓言、盜跖、列御寇、天下等二十篇是也。向秀所注，卽屬此本。

三、郭象所注三十三篇，主要是襲向秀本，間有從司馬彪本而補之。卽其內篇七篇，是全襲向秀本，故載其解說之語，及重複之文章，而不與司馬彪本同。其外篇十五及雜篇十一之中，爲崔向本所無者，有天道，刻意，田子方，讓王，說劍，漁父等篇。而在其本於崔向本諸篇中，亦有崔向二家所不取，而郭象附益以短章逸事者，此等部份，想是崔本所無，而從司馬彪本以補足之也。

按：所言甚爲精要，姑取爲本章之煞尾可也。

【附　註】

(註一)　兪正燮之意見，見癸巳存稿；武內義雄之意見，見其所著莊子考。

(註二)　莊子書之原始面目，已不可睹，然在太史公時，已有十餘萬言。漢志五十二篇本，雖未言字數，但今本三十三篇，亦不過六萬餘字。則按比例計算，二者字數，恐亦相差無幾。且班固去史遷未遠，即有變動，亦不致太大。從而吾人可以大膽假定，史公所見之本，與班志五十二篇本，內容大體一致。惟史記所載之原始莊子，尚無分篇之證據而已。再由今本內容，配合佚文資料，加以考察，則五十二篇本之內容，亦可模擬得之。如此可知漢代所見之莊子，必不限於莊周本人及其弟子之著作。而由戰國以後，至於漢代，所可增添之資料，以理推之，大別不外上述三類而已。

(註三)　其所刪去之內容，如今尚有可考者，見本書第七章，莊子佚篇及佚文考。

第二章　莊子內外雜篇之區分

一、對於莊書編纂應有之基本認識

研究莊子，對於本書之編纂，至少應該具有以下兩點基本之認識：

㈠莊書非一人一時之所作，亦非一人一時之思想，研究莊子書，應視作自莊子至淮南王時道家思想之總集。

劉汝霖著周秦諸子考，其對莊子之意見，摘錄如下：

文選註數引淮南王莊子要略，同時又引司馬彪註。按：經典釋文敍錄，莊子司馬彪註二十一卷五十二篇；似莊子全書有淮南王莊子要略一篇在內。故莊子一書，不止莊子一人之思想，包括自莊子以至淮南王時之道家思想。莊子要略或為解說三篇之一，魏晉間人見此類後人加入者，不免以己意刪之，但對於內篇，皆認為莊子所親撰。研究莊子，應視作自莊子至淮南王時道家思想之總集，非一人亦非一時之思想，分三層證明如下：

㈠記載重複　莊子經刪削之餘，尚有重複之語，必其後學各記所聞，後合一書之故也。如天運：「禹之治天下使民心變……不可恥乎！其無恥乎！」在宥：「一施及三王而天下大駭矣……其無愧而不知恥也。」胠篋：「故天下每每大亂，罪在於好知……甚矣夫！好知之亂天下也。」三段意同而文相似，其來源必同。又應帝王載陽子居見老聃，與天地載夫子問於老聃相類。

(二)年代不同　則陽載魏瑩與田侯牟約一段，瑩卽梁惠王。前人謂牟卽齊宣王。大約記此段時，此二人尚存，或死不久，謚法不大通行，故不用謚而稱名，可知此篇較早。列禦寇載莊子將死，決非莊周所能見。說劍有趙惠文王之謚，更在莊子後。胠篋言田成子十二世有齊國，顯屬秦漢道家作。或疑年代不符，經後人竄亂，或曲爲之解，以敬仲至莊子九世知齊政，太公和至威王三世爲齊侯，故云十二世。

(三)思想差別　一派思想之出，必先含混而後清晰。含混則易附會，後進各用自己之思想解釋前代之語。故一派思想，往往後來分裂，既經新解釋，則比較清晰，優劣自分。但前人批評，每以思想完滿者在前，不完滿者在後，優者爲眞，劣者爲僞；不知認爲完滿者，非思想緻密，實乃言詞含混，不易批評之故。茲分析莊子思想先後，以含混與清晰爲標準。如人間世匠石之齊一段，借大樹喩無用之用。人不需用，不加採伐，方能長壽，借此作哲學的立脚點，立論本甚粗淺；至宋則較進一步，以木和雁比，說明木以不材得終其天年，雁以不材死。若用前段之意釋之，本可言「雁雖不材，肉尚可用，仍爲材累」，但如此終屬淺陋。因木與雁之有用無用，皆生殺之權操於人，不能脫離外物之加害，故由被動變爲主動，由「無所可用故能若是之壽」進於「物物而不物於物」。可見其思想發展之程序。再觀外物：「惠子謂莊子曰：『子言無用』……莊子曰：然則『無用之爲用也亦明矣』。」至此便甚有玄學意味。由此可見莊子一書，所包之思想，乃層層進步的，非一人一時之產物。本書天下篇批評莊子之思想，與內七篇合。故內七篇可定爲莊子親撰，或受其影響最深之弟子作。外篇如駢拇馬蹄胠篋諸篇，文體不同，年代亦時有不符。內篇主張出世，外篇卻關心世事，思想激烈，近於老子之語甚多。內篇不積極反對他家，對於儒家只有遊方之內遊方之外之別，外篇竟一味痛罵，此皆思想之不同也。

胡遠濬曰：「秦以前書與後世專家集異。其作者本不自書其姓氏，書多爲後人所編，凡爲其學者，率以類附諸子中，如管墨之類皆是。讀者在通其詞，得其意，其爲莊生自作與否，固不必問也。」（莊子詮詁）

又：顧頡剛以莊子爲戰國秦漢間論道之人（道家一名，似出漢人所撰）所作單篇文字之總集，與儒者之集爲禮記相同。爲多人所作，故有深有淺，有先有後。（見：古史辨第一冊）

(二)莊書雖非莊子一人所作，然而苟在漢成帝以前之資料，不違漆園之旨者，亦未可一概斥之以僞。

馬敍倫曰：「莊書爲後人附益者，郭象已刪之，今所存者，除說劍外，固象之所不疑也。……………夫古人書，不必皆己作，其弟子所記，或其私淑者所爲，不違其旨，而附益者，苟在成帝求書前已然者，蓋未可以其書亡而後人僞作以代之，如鬻子列子鄧析尹文者視之也。且莊書果孰出於莊子所親撰，無論也。遷稱其書十餘萬言，今三十三篇固不及此數，而前人乃謂駢拇馬蹄胠篋繕性刻意盜跖讓王說劍漁父皆僞作，是將去其三之一也。摘其僞必有所論，苟無事據可依，而以意必之辭，未可信也。……………今本既非漢志

之舊，未易必其出於遷以後人所爲。」（莊子義證序）

二、內外雜篇分自何人

關於區分內外雜篇之人，有三種意見：

㈠不知出於何人，亦不敢斷定出自莊子

馬其昶曰：「釋文稱內篇衆家並同，自餘或有外無雜，余謂外雜二篇，皆以闡內七篇之義，其分篇次第，果出自莊子與否，殆不可考。其間皆不無羼益，以其傳久，故一仍之。」（莊子故序目）

㈡訂自郭象

本師林景伊博士曰：「漢書藝文志，道家有莊子五十二篇，今所存者三十三篇，共分內篇七，外篇十五，雜篇十一，蓋郭象之所訂也。」（中國學術思想大綱）

㈢訂自劉向

唐蘭云：「莊子內外雜篇之分，乃起於劉向刪除重複之時。」（老聃的姓名和時代考）

此說甚爲近理，證據如下：

(1)莊子五十二篇本，係由劉向編定

漢代典籍，統經劉向父子校訂。劉氏校訂之後，乃隨編七略。其後班固，乃據之以爲漢書藝文志焉。隋書經籍志云：「東觀及仁壽閣集新書，校書郎班固，並依七略而爲書部，固又編之以爲漢書藝文志。」是其證也。故劉氏編定本之莊子，與班志所載五十二篇之莊子，實爲二而一者也。

(2)漢志五十二篇本莊子，已分內外。

陸德明釋文序錄曰：「漢書藝文志莊子五十二篇，即司馬彪、孟氏所注是也。」今查陸德明所云，司馬彪、孟氏本莊子，已分內外雜篇，故漢志所載之莊子，亦必分內外雜也。

又齊物論釋文引崔云：「齊物七章，此連上章，而班固說在外篇。」是漢志五十二篇本莊子之分爲內外雜篇，此又一證也。

漢志五十二篇莊子既分內外，則其所本之劉向定本，自亦必分內外也。

(3)古書區分內外，皆起劉向。例如：

A.晏子春秋：劉向敍錄曰：「其書六篇，皆合六經之義；又有複重，文辭頗異，不復遺失，復列以爲一篇；又有頗不合經術，似非晏子言，疑後世辯士所爲者，亦不敢失，復以爲一篇；凡八篇。」向之合於經義者，即今之內篇；文辭頗異而不合經術者，即今之外篇也。

B.孟子：史記孟荀列傳言七篇，漢志凡十一篇。東漢趙岐孟子題辭曰：「著書七篇，又有外書四篇，似非孟子本眞，後世依放而託也。」則漢志孟子已分內外。漢志本諸七略，則孟子之分內外，當亦起於劉向也。

C.淮南子：漢志分淮南內三十一篇，外三十三篇。高誘淮南子敍曰：「劉向校定撰具，名之淮南，又有十九篇者，謂之淮南外篇。」此明言淮南內外，爲劉向所定也。

然有可言者，今本莊子分篇，已非劉向之舊，蓋魏晉人復以己意重理也。今本莊子，依據郭象，則謂郭氏爲莊子內外雜篇之區分，作最後之考訂，亦不爲過。（參第一章）

三、內外雜篇之分篇標準

(一)沒有標準，隨意升降

葉國慶曰：「吾們說這內外雜的分別，是後人定的……試看某甲以這些爲外篇，某乙卻放入雜篇，某甲以爲這是內篇的，某乙卻以爲這是外篇的（例證略）……今本莊子內外雜之區別，並不是絕對的標準。吾人若以此區別爲準，而品評其價值，便不可信了。」（莊子研究）

蔣伯潛曰：「釋文敍錄謂崔向二本皆無雜篇，而釋文所引崔注向音則並及雜篇，總計釋文引崔向注音者，外篇凡二十，恰與崔本外篇二十篇之數符合。但按其篇名，如庚桑楚、徐无鬼、則陽、外物、寓言、盜跖、列禦寇八篇，今本莊子皆在雜篇中。而今本外篇之天道刻意田子方三篇，反不在內。今本雜篇，釋文不引崔向注音者，僅讓王、說劍、漁父三篇而已。據此，則所謂崔向注本無雜篇者，非謂二本中無今本莊子所列之雜篇，乃謂二本不分外篇與雜篇耳。然則莊子之分外雜篇，乃由注家以意爲之，非本有此區別也。」（諸子通考）

王叔岷曰：「郭本內外雜之區畫，蓋隨意升降。於舊有篇第，亦隨意分合，卽內篇先後次第，郭本亦有所顚倒。」（莊子校譯）

㈡內篇爲莊子高博之見，外雜爲周秦道家學者所作雜文，外雜之分，又以文義及章法爲準。

顧頡剛曰：「至內、外雜之分，標準亦不甚明，或竟爲漢人無聊之分別，如正變風正變雅之別而已。以莊子高博之見，發爲瑰瑋之詞，固衆之所樂學，而周秦間游學論道之風盛，道家雜文輯而附於莊子之後，爲外篇雜篇。謂之不僞，則非莊子之書；謂之爲僞，則正古人言公之旨焉。太史公爲莊子作傳，已稱漁父、盜跖、胠篋，此章章然不相類者，猶在史遷之前，況求肖而與內篇相發明者，安得非周末之書哉？」（古史辨第一冊）

清、林雲銘曰：「當日訂莊之意，以文義易曉，一意單行者，列之於前而名外；以詞意難解，衆意兼發者，置之於後而名雜。故其錯綜無次如此。」（莊子因）

㈢內篇係先編成，外雜爲以後分次纂輯者。

蔣伯潛曰：「大抵內篇七篇，係第一次纂輯而成。其時去莊子未遠，較爲可靠。故司馬彪、崔譔及今存郭象本，同爲七篇。外篇雜篇，則是以後分次纂輯，逐漸增附，故有祖述內篇者，亦有與內篇相矛盾者，有僅爲短章雜綴集成一篇者，至多僅能謂爲莊子後學之說而已。」（諸子通考）

㈣內篇言「內聖」，外篇言「外王」，雜篇雜言「內聖外王」之道。

按：近人王樹枏曰：「其書內篇即『內聖』之道，外篇即『外王』之道（『內聖』『外王』，見天下篇。）所謂『靜而聖，動而王』也。（見天道篇）雜篇者，雜述『內聖』『外王』之事，篇各爲意，猶今人之雜記也。」

以上第四說，「內聖外王」命自莊子，以之分別內外篇，似頗恰當。但內篇中之應帝王篇正論「外王」之道，外篇中論「內聖」之道者更多。且諸子之書分內外篇者，不僅莊子一書而已，豈能皆以「內聖外王」爲分別之標準乎？故此說非是。第一說以衆家之分法不同，故認其無標準，余亦以爲有欠公允。蓋無論何人分訂內外，均有其一己之標準在也。二、三說略近，但仍有待補充。

以周秦漢初之書，區別內外之例考之：如淮南子分爲內篇二十一，外篇三十三，是其一例。淮南外書，今雖不傳，據漢書顏師古注，謂內篇論道，外篇爲雜說，則其前者是其主要著作，而後者是輯其種種雜著。孟子十一篇，內書七篇，外書四篇，是其二例。趙岐孟子題辭，稱外書四篇，「其文不能弘深，似非孟子本眞，後世放而托之者也。」蓋謂七篇爲孟子本眞，而外書四篇，則係後人依托者。晏子春秋分內外篇，是其三例，劉向敍錄，謂其外篇，乃輯其與內篇重複之異文。

由是推之，莊子內外篇之區別，略可想象。蓋內篇乃編莊周近古之資料；莊周學說，當略盡於此。外篇當是含有莊周後學，及關係於莊子其他學派之著作，其說有祖述內篇，又有與內篇矛盾者，而其文，有與內篇重複者。至於雜篇，據筦子內言外言雜言之區別，及晏子春秋雜篇之例而推測之，當是雜取短章逸事成篇者。（本段意見，據武內義雄莊子考而敍述）

四、內外雜篇之作者問題

古今學者，多認內篇爲漆園所自著，而外雜篇則出自其徒之手筆。

劉咸炘曰：「大抵內篇似所自著，外雜則師徒之說混焉，凡諸子之書皆然。莊徒編分內外，固已謹而可別矣。外雜之非自著，不特文勢異，義之過放，亦可徵。大抵有徒之說，有徒述其言，有莊子述古事，故純駁當別。凡外雜稱夫子曰，皆指莊子，昔人以爲老孔，非也。王夫之姚鼐皆疑外篇不出莊子，是不知諸子書不別師徒之說故也。凡其述老孔語，不盡寓言，必有所受；但著之竹帛，不無失眞，故文勢不似老子論語。莊徒述莊，更不待論。又或述昔說而後加說，後人誤以加說爲昔語，又兼有夸尊莊道者，亦其徒所記。」（萬有文庫

內陳柱著老子與莊子引）

胡哲敷曰：「除內七篇確爲莊子手筆外，外篇雜篇就有很多是莊子弟子，或莊子學派的學者所爲。」（老莊哲學）

鄭瑗曰：「竊意但其內七篇是莊氏本書，其外雜等二十六篇，或是其徒所述，因以附之，然無可執據，未敢以爲然也。」（井觀瑣言）

或謂外雜篇，間有後人所竄入。

明、焦竑曰：「內篇斷非莊生不能作，外篇雜篇則後人竄入者多。」（焦氏筆乘）

清、吳世尚曰：「外雜二篇，不純乎莊子之筆，或門人附入，或後人僞托。」（莊子解）

總之，皆認爲內篇必爲莊子之原作，而外雜篇成於弟子或後學之手。

梁啓超曰：「莊子一書，內篇是莊周所作，外篇乃後人注解莊周之書。抄書的抄了內篇，又把注解一併抄下，統名之爲莊子。但是內篇外篇內容文體俱不相同，一見可以瞭然，絕不能認爲出自一人之手。如認內篇爲正文，則外篇雜篇必爲注解。如認外篇雜篇非注解，則外篇雜篇必爲後人所僞托。總之，不是莊周所作的東西。」（古書眞僞及其年代）

郎擎霄曰：「內篇之與外雜，本有經傳主從之分，即就篇名論之外，外雜僅以篇首二字爲名，而內篇則具有深意，蓋約全篇之旨趣爲之。是其書之起，必不與外雜同時，以理推之，當在其前。其義理之宏深，才思之精闢，有非蒙周莫能發者，文亦汪洋諔詭，而氣勢銜接。」（莊子學案）

惟宋代林希夷以爲全書皆係莊子自作，與諸家不同。

林希逸曰：「內篇外篇正與左傳國語相似，皆出一手。做了左傳，又成國語，其文卻與左傳不同。」（莊子公義）

然而即或莊書未必出於一手，亦不可遽斥其爲僞作。

譚元春曰：「自七篇外，不惟不主一家，或亦不出一時。平生所屬文章，彙成部軸，亦後人仰首看屋梁事耳。子瞻之論，既失言矣。復有謂刻意繕性俱膚，而止定爲二十六篇者，此無目人語，何足記其姓名哉！」（莊子南華眞經注引）

唐蘭曰：「所謂內篇爲眞者，亦不過承向之意見而已，其實並無內篇爲眞，外雜篇爲假之證據。就莊子體例觀，每篇往往包含幾章，而幾章不必出於一手。」（老聃的姓名和時代考）

此何以故？蓋莊子本爲一派學說之總集，苟其作於成帝求書以前，又不違背漆園之大旨，仍不得以僞書視之也。

五、內外雜篇之比較

(一)名篇方式：內篇爲有義之題，外雜多無義之題；內篇命名似本自莊子，外雜乃後人所定；內篇命題各有深意，外雜則取篇首數字爲之。

蔣伯潛諸子通考云：「內篇皆有義之題，外雜篇則幾全爲無義之題（取首句二三字以爲名篇者。）……其爲有義之題，可以包擧全篇者，僅說劍漁父而已。」

陸樹芝曰：「內篇名篇似本自莊子，外篇乃後人取篇首二三字以名之耳。」（莊子雪）

焦竑曰：「內篇命題，各有深意，外雜則但取篇首字名之，而大義亦存焉。」（莊子翼）

褚伯秀諸子管見曰：「內篇命題本於漆園，各有深意；外雜篇則郭象摘篇首字名之，而大義亦存焉。」

成玄英曰：「內篇理深，故每於文外別立篇目，郭象仍於題下即注解之，逍遙齊物之類是也。自外篇以去，則取篇首二字爲其題目，駢拇馬蹄之類是也。」（莊子序）

(二)思想不同：

顧頡剛曰：「若就思想觀之，（莊子內外雜篇）亦有顯然不同者。莊子之學，就內篇觀察，是統大小，忘生死，齊是非，不別物我，不知得失，隨變任化，而無所容心者。故在人間世託顏淵之言曰：『內直者與天爲徒，外曲者與人爲徒，成而上比者與古爲徒』，下即借仲尼之言破之曰：『雖固亦無罪，夫胡可以及化，猶師心者也。』可見其主張一切無所用心。但外雜篇中則頗提倡復古，攻擊孔子，引伸老子，執住之意味頗重。作者之意，正欲與天與人與古爲徒，（固然其中亦有酷似內篇者，但此原爲其所以附在內篇後之理由。）似乎道家已成立，與儒家分庭抗禮時之作品。其後道教中有老子化胡經，謂釋迦爲老子弟子，莊子外雜篇再三言孔子好道，向老子及其他道家請教，受盡彼等之教誨及申斥。恐此類篇章，殆當時心目中之老子化儒經歟？此等事豈作逍遙齊物之莊子所願爲者？故對於蘇軾疑盜跖等篇之說，亦表一部份同情，因其詆孔也。但蘇氏以莊子不應詆孔，而我則以爲莊子不屑詆孔，亦不計及詆孔。詆孔乃其後道家對儒家之事。」（古史辨第一冊）

㈢內篇論理，較爲精微；外雜記事，較爲粗淺。

成玄英曰：「內篇明於理本，外篇語其事迹，雜篇雜明於理事。」但亦有例外：「內篇雖明理本，不无事迹，外篇雖明事迹，甚有妙理。但立教分篇，據多論耳。」（莊子序）

㈣就文勢言：

「內篇雖參差旁引，而意皆連屬，外篇則踳駁而不續。內篇雖洋溢無方，而指歸則約，外篇則言窮意盡，徒爲繁說，而神理不摯。內篇雖極意形容，而自說自掃，無所粘滯，外篇則固執粗說，能死而不能活。」（王夫之莊子通）

㈤外雜篇均引有老子之文，內篇獨無有。

㈥內篇所述堯舜禹的性格，也和外雜篇不同。（五六條引自葉國慶莊子研究）

六、內篇要旨

由上可知，莊子內篇，較爲精微，較爲可信，較有系統，且多係莊子之自著；而外篇雜篇，多申內篇之義，較爲粗淺。故近人劉成忻曰：「內篇七篇相屬，外雜多衍其義。」（見：莊子學案），然內篇之思想，爲何若耶？

清、林雲銘曰：「逍遙遊言人心多狃於小成，而貴於大。齊物論言人心多泥於己見，而貴於虛。養生主言人心多役於外應，而貴於順。人間世，則入世之法。德充符，則出世法。大宗師則內而可聖，應帝王則外而可王。此內七篇分著之義也。然人心惟大，故能虛，惟虛，故能順。入世而後出世，內聖而後外王，此又七篇相因之理也。」（莊子因）

清、周金然曰：「內七篇由曠觀而後忘賓，忘賓而後得主，得主而後冥世，冥世而後形眞，形眞而後見宗，見宗而後化成。節合珠聯，七篇猶是一篇。」（南華經傳釋）

郎擎霄曰：「七篇之文，分之則篇明一義，合之則首尾相承：前建逍遙，神遊方外，若全書之總綱；次申齊物，理絕名言，爲立論之前驅。或明養生之道，或論涉世之方，或著至德之符。其體維何，以大道爲宗師；其用維何，以帝王爲格至。自餘諸篇，反覆以明，校其細鉅，咸有可迹，執此數者，以搉玄言，名理滙深，繁衍奧博，可驗之几案之下矣。」（莊子學案）

余嘗以內七篇爲間架，而論其思想體系。見拙著先秦道家思想研究，中華書局出版。

莊子內七篇思想系統圖

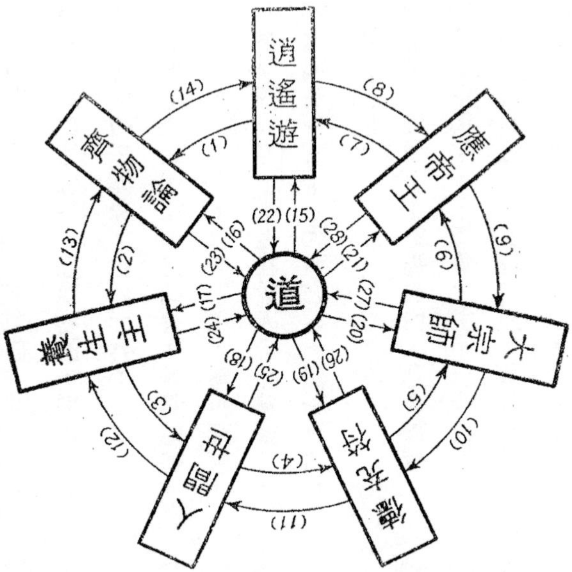

〔說明〕

(一)內七篇爲莊學之中心，而內七篇之本身，又以道爲中心。

(二)道爲宇宙萬有形成之原因，亦其存在變化之主宰；故吾人一切作爲，皆應以道爲本。

(三)內七篇要旨：逍遙遊求精神之絕對自由，爲最高理想；齊物論主萬物玄同，偏於知識論，爲思想基礎；養生主注重形骸賴以存在之精神，爲個人修養；人間世倡無心應物，爲處世之道；德充符言道德內充，應物於外，爲修道之效；大宗師言得道之眞人，與造物者遊，忘懷生死；應帝王以「無心應道，順乎自然」之理，施之政治，以導民於全性逍遙，爲政治論。

(四)內七篇之關係，反時針方向：

(1)逍遙遊與齊物論—與道逍遙，不知物論。 (2)齊物論與養生主—物論既齊，不搖生主。

(3)養生主與人間世—生主既全，可應萬變。 (4)人間世與德充符—無心應物，德充乎內。

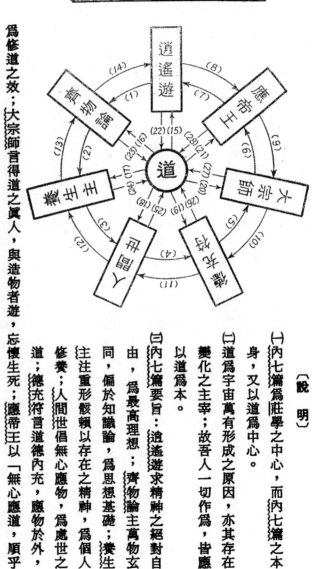

(5)德充符與大宗師—道德內充，外乎生死。

(6)大宗師與應帝王—眞人爲政，任乎自然。

(7)應帝王與逍遙遊—無爲之政，上下逍遙。

順時針方向：

(8)逍遙遊與應帝王—無拘無束，純任自然。

(9)應帝王與大宗師—自然無爲，是爲眞人。

(10)大宗師與德充符—與道同遊，德充之驗。

(11)德充符與人間世—至德內充，應物無窮。

(12)人間世與養生主—心齋坐忘，以全生主。

(13)養生主與齊物論—生主得養，物論自泯。

(14)齊物論與逍遙遊—擺脫物論，則入逍遙。

(五)內七篇與道之關係，由內而外：

(15)道與逍遙遊——與道同遊，是爲逍遙。

(16)道與齊物論——道覩萬物，齊一無別。

(17)道與養生主——道合生主，超脫死生。

(18)道與人間世——虛靜抱道，以處人世。

(19)道與德充符——道在於人，即爲德充。

(20)道與大宗師——師法天道，爲大宗師。

(21)道與應帝王——大道之行，任乎自然。

由外而內：

(22)逍遙遊與道——逍遙自由，乃合於道。

(23)齊物論與道——泯除物論，即反於道。

(24)養生主與道——修養生主，以合於道。

(25)人間世與道——雖處世俗，心通至道。

(26)德充符與道——道德內充，冥合眞宰。

(27)大宗師與道——眞人順天，契合大道。

(28)應帝王與道——無爲之政，合於至道。

七、莊子內外雜篇互證

內篇要旨，既已言之於前矣，而外雜二篇，皆以闡內七篇之意。（如清馬其昶莊子序目所言）是故研究莊子者，輒喜以外雜篇與內篇互相參證，以明其經傳主從之關係。

明代陸西星南華眞經副墨，以爲山木申人間世，田子方申大宗師。

清、林雲銘著莊子因，以爲外篇雜篇，於義皆各分屬內篇，而理亦互寄。彼以駢拇、馬蹄、胠篋、在宥、天地、天道、皆因應帝王而及之。天運則因德充符而及之。秋水則因齊物論而及之。至樂、田子方、知北遊則因大宗師而及之。惟逍遙遊之旨，則散見於諸篇之中。外篇之義如此。庚桑楚則德充符之旨，而大宗師、應帝王之理寄焉。則陽則亦德充符之旨，而齊物論、大宗師之理寄焉。外物則養生主而逍遙遊之理寄焉。寓言列禦寇總屬一篇，爲全篇收束，而內七篇之理均寄焉，雜篇之義如此。（莊子因）

清、周金然南華經傳釋云：諦閱南華，則自經自傳，不自秘也，而千載無人覷破。蓋其意盡於內七篇，至外篇雜篇，無非引申內七篇，惟末篇自序耳。……因內篇爲經，餘篇析爲：

逍遙遊第一　秋水、馬蹄、山木。

齊物論第二　徐無鬼、則陽、外物。

養生主第三　刻意、繕性、至樂、達生、讓王。

人間世第四　庚桑楚、漁父。
德充符第五　駢拇、列禦寇。
大宗師第六　田子方、盜跖、天道、天運、知北遊。
應帝王第七　胠篋、說劍、在宥、天地。

清、王夫之莊子因云：「山木引人間世之旨，而雜引以明之。秋水申逍遙遊齊物論之意，天地與應帝王相應。」

近人劉咸炘謂天道皆衍治道，而應帝王亦言出治之方；秋水篇首尾成齊物之旨，達生申養生主，山木申人間世，知北遊申齊物論，標不言之教。（莊子學案引）

胡遠濬著莊子詮詁，於其序目曰：「今細玩外雜諸篇，固皆多發明內篇旨趣。」而析內外雜篇之關係爲：

逍遙遊　庚桑楚。
齊物論　秋水、則陽、天運、知北遊、徐無鬼。
養生主　達生、列禦寇。
人間世　山木、外物。
德充符　田子方、刻意、繕性、駢拇、馬蹄、胠篋。
大宗師　至樂。
應帝王　在宥、天地、天道。

又近世錢基博，以爲莊書以逍遙遊齊物論二篇爲綱領，養生主、人間世、德充符、駢拇、馬蹄、胠篋、在宥、天運、刻意、繕性、至樂、達生、山木、田子方、外物、讓王、盜跖、漁父、列禦寇等十九篇，言逍遙遊也。大宗師、應帝王、天地、天道、秋水、知北遊、庚桑楚、徐無鬼、則陽、寓言、說劍等十一篇，言齊物論也。二組共三十二篇，天下爲敍錄不計。（莊子卷頭解題記——中國語文學研究）

內外雜篇互證，有兩難：㈠內篇雖篇各一義，但彼此之間，關係甚密，有時甚難予以明顯劃分。㈡外雜篇往往一篇之中，含有多義，若必以此篇，配某一內篇，往往有齟齬鮮當，扞格不入之弊病。是以最上之策，莫若將外雜各篇予以拆散，指出其某段、某章，係申內篇之某篇，則庶乎可以寡其謬誤而減少魯莽滅裂之譏矣。爰據以上各說，加以整理，並附己意於其末，列表如下：

篇名／相關內篇／何人主張	陸西星	林雲銘	周金然	王夫之	劉成炘	胡遠濬	錢基博	己見
養生主							逍	
人間世							逍	
德充符							逍	

大宗師							齊	
應帝王							齊	
駢拇		應	德			德	追	大部屬應、部份申齊、尤以1 5爲然
馬蹄		應	追			德	追	應
胠篋		應	應			德	追	除末二段有齊外、餘皆應
在宥		應	應			應	追	應、6至8有德、大
天地		應	應	應		應	齊	2 4 8 9齊、3德、餘皆應
天道		應	大		應	應	齊	2 10大、8人、餘應
天運		德	大			齊	追	1 7應、2 5德、3追、4 6 8人
刻意		追	養	養大		德	追	3 4養、5大、1 2追
繕性		追	養			德	追	養
秋水		齊	追	追齊	齊	齊	追	1至8齊、9至14追
至樂		大	養			大	追	1 2大、3至5、7 8齊、6養

達生		追	養	養大	養	養	追	20 3 4大、餘養
山木	人	追	追	人	人	人	追	人
田子方	大	大	大			德	追	4追、8應、餘德
知北遊		大	大	大	齊	齊	齊	1 6 8 9 11至14齊、餘大
庚桑楚		德(大應)	人			追	齊	1至6、11 12 16 17德 7 18應、8 10 20 22人 9 19大 13至15齊 21追
徐无鬼		追(人應大)	齊			齊	齊	1至7及13應、8 14 19人、9至11齊、12 15 18德
則陽		德(齊大)	齊			齊	齊	1 3 7 10德、2 11 12 15 16及4至6齊、8 9 13 14應
外物		養(追)	齊			人	追	1養2 7 10追3 8 9大4至6人
寓言		七					齊	1體例、2 4 5齊、3 7人、6大
讓王			齊				追	17 18及1至7、12至14養、8至11人、16追
盜跖			大				追	人、2有追
說劍			應				齊	應

漁父			人				逍	人
列禦寇		七	德			養	逍	1養、2 3 8逍、4 11德、19 20齊、餘人
天下								總序

【附　記】

①代字：逍、表逍遙遊篇，齊、表齊物論篇，人、表人間世篇……餘類推。七、表內七篇全部。

②阿拉伯數字，代表篇中章或段數之次第。

③分章分段，見第四至第六章「分篇討論」之「篇章結構」部份。

④引段或章，以就內篇之某篇，雖較整篇牽就而言，稍感清晰近理，但仍不無缺欠，及可資補充之處。尚祈博雅方家，有以匡之。

八、內外雜篇之價值

一般學者，多認內篇爲莊子學說之綱領，最爲可靠，外雜篇中內篇之說，出於後人，較不可靠。

本師林景伊博士曰：「內篇者，莊子學說之綱領，外篇充其不足之意，雜篇其雜記也。」

（中國學術思想大綱）

林景伊博士又曰：「然內篇雖爲莊子宗旨之所寄，猶有後人加入之語，至外篇、雜篇之爲莊子所作，或其弟子所記，尤難言矣。昔蘇子瞻，嘗疑盜跖漁父讓王說劍四篇，非莊子之言，蓋有以也。」（中國學術思想大綱）

胡適曰：「內篇七篇，大致都可信，但也有後人加入的話，外篇和雜篇便更靠不住了。……此二十六篇中，至少十之九皆僞。大抵秋水、庚桑楚、寓言三篇，最多可靠資料。」（中國古代哲學史）

黃庭堅曰：「內書七篇，法度甚嚴；二十六篇，解剖斯文耳。」（莊子詮詁引）

鄭瑗曰：「竊意但其內七篇，是莊氏本書，其外雜等二十六篇，或是其徒所述，因以附之。然無可質據，未敢以爲然也。大抵莊列書非一手所爲，而列子尤雜。」（井觀瑣言）

郎擎霄曰：「莊子內篇文旨華妙，精微奧衍，當是莊子原作，間或有後人羼入之語，然大致可信矣。外雜篇，自昔賢已疑其多爲後人所僞托，卽不然，亦爲弟子所紀錄，故不可靠。」（莊子學案）

兒島獻吉郎曰：「予獨信內篇，而斷言外篇及雜篇，出於西漢以後之假託。」（莊子考）

另一派學者，則認今本莊子內外雜篇乃後人所分（定自郭象），故不可一概而論訂其價值。

唐蘭曰：「所謂內篇七篇爲眞者，不過承向之意見而已。其實並無內篇爲眞，外雜篇爲

僞之證據。」（老聃的姓名及時代考）

王叔岷曰：「至於外雜篇，昔賢多疑爲僞作，然今本內外雜篇之名，實定於郭氏，則內篇未必盡可信，外雜篇未必盡可疑。」（莊子校釋序）

進一步言之，外雜即非莊子所作，然其後學，或述其師言，或發其奧旨，內外雜篇，後先輝映，自成佳趣，又安可偏廢之哉！

錢玄同曰：「莊子之所以有僞，因莊子以後，其門徒或私淑者作此類文章，傳誦既多，誤入莊子內；或本不在莊子內，而秦漢人因文體相類而採入。故此類文字，雖在莊子書爲僞，而作者卻非存心作僞。且究屬先秦文字，就史料論，當有可信者。」（文學周刊第十三至十五期）

陸樹芝曰：「南華大旨內七篇已舉，而外雜篇亦正不可少。蓋內篇未竟之意，不盡之妙，俱於外雜篇發，則內篇之精義益出，微旨益暢，妙處更覺不盡。」（讀莊雜說）

顧頡剛曰：「周秦間游學論道之風盛，道家雜文輯而附於莊子之後，爲外篇雜篇。謂之不僞，則非莊子之書，謂之爲僞，則正古人言公之旨焉。」（莊子外篇雜篇著錄考）

以外雜兩篇相較，雜篇之價值或猶有勝焉者。

王夫之曰：「雜篇多微至之語，學者取其精蘊，誠內篇之歸趣也。」又曰：「外篇學莊者所引申，大抵雜輯以成書；雜篇則度詞博喻，中含精蘊，乃莊子所從入。雖非出於解悟之餘，而語較微至，能發內篇所未發。」（莊子解）

錢玄同曰：「或謂『莊子內篇最精深，外篇便遠不及，雜篇則尤為淺薄』，亦不盡然。如雜篇中之天下，乃極精博之『晚周思想總論』，但不見其為莊子之手筆。」（古史辨第一冊）

張默生分莊子各篇為四等，打破內外雜篇之限制，而論定其價值，雖不無可議之處，但仍不失為一種嶄新而大膽之嘗試，玆誌其分類之意見如左：

第一等作品，在形式上，約可包括甲乙兩類。甲類為先總論，次分論，無結論者；乙類則先分論，次結論，無總論。如逍遙遊、齊物論、養生主、人間世、德充符、大宗師、應帝王、秋水、至樂、達生等篇是。大部係莊周自作。

第二等作品，只有分論，沒有總論和結論，在每篇中各自成篇，意義不甚相連屬，絕似雜記體裁。外雜篇之文，多屬此類。如在宥、天地、天道、天運、山木、田子方、知北遊、庚桑楚、徐無鬼、則陽、外物、列禦寇等篇是。大部係莊周後學所作，為時較古。

第三等作品，沒有總論和分論，全篇一氣呵成，有近於後世之文體，如駢拇、胠篋、馬蹄、刻意、繕性等篇是。大部係莊周別派所作，為時較後。

第四等作品，是摹仿前三類之作品，如讓王、盜跖、說劍、漁父等篇，文理頗膚淺，亦莊周別派所作，為時更後，甚至魏晉人之作，亦未可知。（詳見莊子新釋）

第三章　莊子篇章之移易與分合考

據前所論，可知莊子之書，當戰國暴秦之世，僅為毫無組織之零散資料，並無篇目、系統之可言。逮乎西漢初年，始由淮南王及其門客加以編排，並加入彼輩對於莊學之意見，如後序解說之類；然猶未分內外雜篇。其後劉氏父子，校書秘閣，乃內外雜篇區分之所由昉也。班固撰成漢書，其藝文志，係本劉氏七略，則其所見，當即劉氏之本。此本之面目若何？年代久遠，早經亡佚，今已莫可得見矣。惟陸氏釋文，稱晉代所傳司馬彪、孟氏之本，同乎班志所載之莊子，則劉氏之整編本，尚略可考見。蓋即內篇七、外篇二十八、雜篇十四，解說三，凡二十一卷五十二篇之本是也。

司馬本後，有崔譔注本及向秀注本。此兩種注本，篇目大致相同，皆為二十七篇，包括內篇七，外篇二十，無雜篇。（崔本或作二十六篇，二十八篇，係就外篇增減一篇而言。）乃據司馬本所刪節者也。故司馬本之雜篇，崔向本或入外篇也。

今所傳之莊子，為郭象所定。其編定之方式，多襲向秀本，間有從司馬彪本補充者。其內篇全襲向秀，故載其解說之語，及重複之文章，而不與司馬本同。其外篇十五及雜篇十一之中，為崔向所無者，為天道、刻意、田子方、讓王、說劍、漁父等六篇。且崔向本有外無雜，故在崔向本為外篇，郭氏或入雜篇也。其本於崔向本諸篇中，據吾人之考證，亦有崔向二家所不取，而象附益以短章逸事者，殆從司馬彪本以補足之也。

在此整編之過程中，注家多爲之以意去取，擅爲分合。故篇章之移易或組合，不與今同者，自屬所在多有。雖云，此種移易或分合，未必可能對其原文之價值，產生若何之影響，第探幽索賾，亦鑽研南華之所不可或忽者也。爰據前人研究之結果，爲之整理，而分述於後：

一、第一類——內外雜篇相互間之移易或分合

(1)今本內篇齊物論第七段，於班固、司馬彪本，當在外篇。

按：齊物論音義，標出「夫道未始有封」六字，其下注曰：「崔云，齊物七章，此連上章，而班固說在外篇。」武內義雄曰：「今本雖與崔本同，然班固說在外篇，則漢時莊子經本，此條當在外篇矣。今檢陸氏音義，自『夫道未始有封』以下，至『故曰辯者有不見也』一一五字，陸氏但引證於崔譔音及李音而已，絕不引司馬彪說，則司馬彪本，亦與班固所見本同，此一一五字當在外篇。」（莊子考）

(2)今本內篇人間世庖丁解牛一段，或係古本之外篇。

按：王叔岷莊子校釋引隋釋吉藏百論疏卷之上云：「莊子外篇，庖丁十二年不見全牛。」今本內篇人間世有此段。

(3)今本外篇天運第一段，當在古本內篇。

按：唐僧荊溪之止觀輔行口訣，解釋摩訶止觀，（唐初僧灌頂筆錄其師智顗語而成）中引周弘正釋「三玄」一段（隋志有周弘正莊子內篇講疏），曾有莊子內篇三條，其一曰：「雨爲雲乎，雲爲雨乎，孰降施是。」今本莊子在外篇天運中。（引自蔣伯潛諸子通考）

又按：王叔岷曰：「唐釋湛然輔行記卷四十云：『莊子內篇，自然爲本。如云：「雨爲雲乎，雲爲雨乎，孰降施是」，皆其自然。今本『雨爲雲乎，雲爲雨乎，孰降施是』，在外篇天運第十四，可知所據本，皆與郭本異也。」（莊子校釋）

(4)外篇秋水，上半仍屬外篇；其下半，當屬雜篇。上半爲司馬、孟氏之舊，下半爲崔向所刪，而郭象復之。

按：武內義雄莊子考云：「秋水上半，亦當屬外篇，其下半，凡列舉無連絡之短章，則當屬雜篇。」又云：「秋水篇前半爲詞意連續一篇之文，後半夔憐蚿以下，當分爲六章，而意味不連，且於上半引崔音十七，引向音二，於下半無一引之，是下半崔本所無，當是郭象以雜篇之語，列於此篇之末也。」

又按：蔣伯潛諸子通考云：「秋水篇前半，辭意皆連貫，自『夔憐蚿……』以下六條，辭意皆不連屬，釋文亦不引崔向之音」，而認其「刪節之痕跡尚有可尋者」。

(5)外篇至樂末三段，疑前人所刪，而郭象取古本雜篇之文充之。

按：蔣伯潛曰：「至樂篇自『莊子夢見空髑髏……』以下，釋文亦不引崔、向之音，此篇末段同列子天瑞篇，張湛注亦不引向秀莊子注，疑此句以下，崔本有之，向本删之，而郭本又加入之也。」（見諸子通考）

又武內義雄曰：「此等之章，崔向本所無，似是郭象取雜篇之文而移置之。」（見莊子考）

(6)今本外篇在宥之末二章，當屬雜篇，亦係前人所删，而郭象附入者。

按：武內義雄莊子考，以爲外篇乃是含有莊周後學，及關係於莊子其他學派之著作，至於雜篇，據莊子內言、外言、雜言之區別，及晏子春秋雜篇之例而推測之，當是雜取短章逸事而成篇者。故在宥之末二章，似屬雜篇。

武內義雄又曰：「此二章，釋文不引崔向司馬之注，乃郭象附加舊雜篇之文於此篇也。」（見莊子考）

蔣伯潛曰：「在宥篇，世俗之人，皆喜人之同乎己句以下，有二章，釋文不引司馬崔向之注及音，乃係其删節之痕跡尚有可尋者。」（見諸子通考）

(7)俗本田子方篇末，有孔子窮於陳蔡，及孔子謂顏回二章，乃涉讓王篇而重出。

按：釋文云：「俗本此後有孔子窮於陳蔡，及孔子謂顏回二章，與讓王篇同，衆家並於讓王篇音之，檢此二章無郭注，似如重出，古本皆無，謂無者是也。」

二、第二類——內篇部份之移易或分合

(1)今本內篇齊物論第八段，應帝王第一段，記王倪齧缺被衣三人之問答，於司馬彪本，當在逍遙遊篇。

按：武內義雄莊子考云：「逍遙遊音義，出四子二字，其下注云：司馬彪李云，王倪、齧缺、被衣、許由。按逍遙遊篇，但記許由之事（在第七段），無王倪、齧缺、被衣三子之名。三子之事，見於齊物論與應帝王。若從今本，則唐突四子，王倪以下四人矣。想司馬彪本莊子，記許由肩吾之事後，卽當有今本齊物論、應帝王篇之王倪、齧缺、被衣三人之問答。蓋逍遙遊一篇之要旨，有『至人無己，神人無功，聖人無名』三句，而此三句之下，置堯讓天下於許由一章。而齊物論王倪答齧缺曰，至人神矣，又曰，死生無變於己。應帝王篇首承之，說無己之事，恰爲無己之說明。」

(2)古本莊子，內篇大宗師當在養生主篇之前。

按：王叔岷曰：「大宗師篇第六，『此古之所謂縣解也』下，釋文引向秀注云：『縣解，無所係也』，而養生主篇第三，『古者謂是帝之縣解』下，向氏反無注，可知向氏所見大宗師篇，當在養生主篇之前也。」（見莊子校釋）

三、第三類——外篇部份之移易或分合

(1)天運篇『夫至樂者』以下三十五字，乃由天道篇移來。

按：見王叔岷莊子斠證。

(2)達生篇多有向崔本所無，而郭氏由他篇移入者。

按：武內義雄曰：「達生篇凡十四章（據姚姬傳莊子章義）引崔音僅二，向音無。列子黃帝篇，載此篇文有五章，張注引向秀者，僅三章耳（子列子問關尹章、仲尼適楚見痀僂者章，顏回問仲尼章）。且篇內文，與他篇有重複者，則此篇內，亦向崔本所無，難保非郭象之所移置。」（莊子考）

四、第四類——雜篇部份之移易或分合

(1)庚桑楚篇下半，乃向崔本所刪，而郭氏復加者。

按：武內義雄曰：「庚桑楚篇，上半千五百餘字，文理一貫而成完篇。下半『宇泰者發乎天光』，無非集合許多之小篇，而釋文於上半，引向秀者，無慮二十七條，下半絕不引之。是向本非只有上半乎？但引崔音，亘於全文，蓋崔本具全文，而向刪除其後半，郭復加之也。」（見莊子考）

(2)讓王篇多有他篇之文，爲後人所摻入者。

按：王叔岷曰：「今本讓王篇，文多雜湊。孔子窮於陳蔡，及孔子謂顏回二章，實不合

於讓王之旨，（魯君……子列子……楚昭王……原憲……曾子……五章亦然）則不當在讓王篇，俗本在田子方篇，或存古本之舊，亦未可知，古本卽不在田子方篇，亦不當在讓王篇。」（莊子校釋）

又按：馬敍倫曰：「檢盜跖篇孔子與柳下季爲友章，象注曰：『此篇……』與漁父篇於末注曰：『此篇……』云云同例，則郭本盜跖篇固僅一章，其後子張、無足兩章，蓋爲別一篇之辭。」（莊子義證自序）

(3)說劍篇，乃郭本所無，後人取司馬本補之。

按：馬敍倫曰：「郭本盜跖篇子張無足兩章，蓋爲別一篇之辭，亡其篇首，傳寫遂綴於盜跖之末。既佚一篇，乃就司馬本取說劍以補其亡。（說劍音義僅引司馬，則衆家蓋無也），是又象削之而後人復留之者也，音義無說，其來久矣。」（莊子義證自序）

(4)雜篇寓言列御寇原爲一篇，而讓王說劍盜跖漁父四篇可疑，當退而置於書後。

按：蘇東坡莊子祠堂記云：「寓言之終曰：『陽子居西遊於秦……』去其讓王、說劍、盜跖、漁父四篇，以合於列禦寇之篇曰：『列禦寇之齊，中道而返……』然後悟而笑曰，是固一章也。莊子之言未終，而昧者勦之以入其言，予不可以不辯。」今考寓言篇之末章，與列御寇篇之首章，語意實相銜接，復查列子黃帝篇，襲用莊書之文，其「列禦寇之齊」一段，其下正接「陽子居西游」。

王叔岷曰：「僞列子黃帝篇，正以二章相連，尚存莊書之舊，今本蓋郭氏分之也。」

（莊子校釋）

又按：道藏羅勉道南華眞經循本從蘇說，以寓言列御寇兩篇相連；宣穎南華經解亦以二篇相連，而退讓王等四篇於書末。

(5)天下篇「惠施多方」以下，當別爲一篇，或係郭氏從司馬本取而附之者也。

按：武內義雄曰：「天下篇上半，引崔晉者多，下半『惠施多方，其書五車』以下，無一引之。此篇『惠施多方』以下，與列子仲尼篇後半之文，有相似者，而張注亦不引向說。北齊書杜弼傳，有『杜弼注莊子惠施篇』，則莊子舊有惠施篇，事無可疑。此篇下半，非卽惠施篇乎？列子張注，所引惠子之語，多出於此，所以想象，當亦此部份之惠子篇也。果然，則天下篇之下半，乃五十二篇本而獨立成一篇。向、崔不注之，似是郭氏從司馬本而附記於天下篇末者。」（見莊子考）

又按：尙有其他理由，詳見本書第六章，天下篇之價値硏判部份。

第四章　分篇討論——內篇部份

△「莊子南華眞經」解釋

莊子又稱南華眞經，其命名之由來如何？其意義如何？權引古書資料說明於次：

成玄英曰：「其人姓莊名周字子休……所言子者，是有德之嘉號，古人稱師曰子，亦言子是書名，非但三篇之總名，亦是百家之通題。」（莊子序）

新唐志曰：「天寶元年，詔號莊子爲南華眞經。」

姚範援鶉堂筆記曰：「南華之名，未詳所出。隋志有梁曠南華論南華論音。其號莊子爲南華眞人，名其書爲南華眞經，在唐開元二十五年。」

陸樹芝曰：「南方爲離明之方，華爲精英之發，言發揮道妙，光明英華也。」（莊子雪）

△「內篇」解釋

陸德明曰：「內者，對外立名。說文云：篇，書也。字從竹，從艸者，草名耳，非也。」（莊子音義）

成玄英曰：「所言內篇者，內以待外立，名篇以編簡爲義，古者殺青爲簡，以韋爲

編，編簡成篇，猶今連紙成卷也。」（莊子序）

逍遙遊第一

一、篇名釋義

陸德明曰：「逍音銷，亦作消；遙如字，亦作搖；遊如字，亦作游。逍遙遊者，篇名，義取閒放不拘，怡適自得。」（莊子音義）

馬敍倫按：「五經文字曰，逍遙說文漏略，今得之字林，則作消搖者是故書矣。逍遙者，疊韻連緜詞，遙以雙聲借爲愉。……說文解字曰：愉，薄樂也。薄者，怕之借字……說文曰，怕，無爲也。怕樂，言無爲之樂矣。本篇末章曰：彷徨乎無爲其側，逍遙乎寢臥其下。大宗師篇曰：芒然彷徨乎塵垢之外，逍遙乎無爲之業，即明示此義矣。遊字說文不收，游者，說文曰，旌旗之流。遊古文遊。然古文不從於，無旌旗之義，當是汓之或體，古文經傳借此爲游耳。說文曰：汓，浮行水上也。此行遊之本字，作游者借字，作遊者蓋游之別體，亦借字。」（莊子義證）

顧桐柏云：「逍者銷也，遙者遠也。銷盡有爲累，遠見無爲理，以斯而遊，故曰逍遙。」（莊子集釋引）

支道林云：「物物而不物於物，故逍然不我待，玄感不疾而速，故遙然靡所不爲，以

斯而遊天下，故曰逍遙遊。」（逍遙論）

穆夜云：「逍遙者，蓋是放狂自得之名也。至德內充，无時不適，忘懷應物，何往不通，以斯而遊天下，故曰逍遙遊。」

林希逸曰：「心有天遊也。逍遙言優遊自在也。」

陸西星曰：「逍遙遊，謂心與天遊也。逍遙者，汗漫自適之義。」

李衷一曰：「逍者，灑也；遙者，遠也。逍遙遊者，優遊自在也。」（以上三條，見南華眞經三註大全）

林紓曰：「凡有欲者，咸不能逍遙，名爲逍遙，皆無欲而自足者也。……逍遙二字，不見說文。禮檀引消搖於門，漢書文選皆然。或曰，理無幽隱，故消然而當，形無巨細，故搖然而通。」（莊子淺說）

陸樹芝曰：「遊者身之所寄，逍遙者，倘佯自得，高遠而無拘束也。」（莊子雪）

阮毓松曰：「逍遙物外，任天而遊。」（莊子集註）

二、全篇要旨

郭象曰：「夫小大雖殊，而放於自得之場，則物任其性，事稱其能，各當其分，逍遙一也，豈容勝負於其間哉？」（莊子注）

支遁曰：「逍遙者，明至人之心也。」（莊子詮詁引）

成玄英曰：「言達道之士，智德明敏，所造皆適，遇物逍遙。」（莊子序）

陸西星曰：「心體廣大，但以意見自小，橫生障礙，此篇極意形容出致廣大道理。」（南華眞經副墨）

本師林景伊博士曰：「莊子悲天下之沈濁不可處也，故求徜徉自得，高遠無所拘束，與天地同運，與造物者遊，以極其逍遙之致。夫能極其逍遙之致，而無所拘束者，蓋卽隨心所欲，亦今所謂自由也。」（中國學術思想大綱）

三、篇章組織

(1)北冥有魚……南冥者天池也——言鵬之飛，有賴於海運之大風。

(2)齊諧者……而後乃今將圖南——言鵬不逍遙。

(3)蜩與學鳩笑之曰……之二蟲又何知——言蜩與學鳩，不知大鵬之志。

(4)小知不及大知……此小大之辨也——言小不知大。

(5)故夫知效一官……猶有未樹也——宋榮子猶有未樹。

(6)夫列子御風而行……聖人無名——列子猶有所待。

(7)堯讓天下於許由……越樽俎而代之矣——堯讓天下，亦未能完全無待無求。

(8)肩吾問於連叔……窅然喪天下焉——肩吾與連叔論神人。

(9)惠子謂莊子曰……有蓬之心也夫——大瓠之辯，明無用卽大用。

(10)惠子曰……安所困苦哉——大樗之辯，明無用乃存身之方。

四、價值研判

本篇居內篇之首，乃莊子思想之中心，甚爲可信，素來亦未有疑其非莊周自作者。惟葉國慶莊子研究：「逍遙遊言梁惠王貽惠施大瓠，文當作於惠施相梁之後。」又本篇章句，不無紊亂之現象：如冥海之魚鳥事數出，乃編輯之錯誤，或日後錯簡之遺跡，未必原文；許由一節（第七段），應接齊物論及應帝王之王倪、齧缺、被衣三人之問答。（武內義雄說，見本書第三章）然大體而論，仍可認爲此篇係莊子之自作；卽有部份爲其徒所記，亦係莊周思想之眞傳。

齊物論第二

一、篇名釋義

宣云：「齊衆物之論也。」（莊子南華經解）

阮毓崧曰：「論音倫，此物論二字屬讀，不得以齊物二字相屬而讀，論爲去聲。」（莊子集註）

林希逸曰：「物論者，人物之論也，猶言衆論也。齊者一也，欲合衆論而爲一也。」

李夷一曰：「大凡物論不齊，皆始於有我。物我對立，是非互爭，而爲齊物論矣。」

（以上兩條，見南華眞經三註大全）

陸樹芝曰：「辨別事物之是非而必申其說，是爲物論。如堅白同異之辯，卽物論之至不齊者也。然物本無是非，是非起於心之有知，心而有知，卽爲成心，已失其虛明之本體矣……齊之者，無有是非，無有言說，而心常止於所不知，乃所以復其本體之明，而葆其光也。」（莊子雪）

孫志祖曰：「張文潛王厚齋皆以齊物二字連讀，謂物論之難齊，而莊子欲齊之也。按文選魏都賦萬物可齊於一朝，劉淵林注，莊子有齊物之論，劉琨答盧諶書云，遠慕老莊之齊物，晉人崇尚玄學，皆不以物論二字連讀。梁劉勰文心雕龍論說篇直云，莊周齊物，以論爲名，尤可證六朝舊讀矣。」

馬敍倫按：「輔行記曰，彼論齊物，一夢爲短而非短，百年爲長而非長，是唐人亦不以物論連讀也。檢說文曰：論，議也。莊子以物不可齊，故論之。後儒以中有辨是非之辭，讀物論爲一詞，非是。」（莊子義證）

辭源齊物論條下注云：「莊子篇名。自是非彼者，物論也。莊子立說以齊之，因以名篇。」

余按：仍當以物論二字連讀。前人之稱齊物者，乃爲行文之方便，如稱左丘明爲「左丘」，稱司馬遷爲「馬遷」，未可以爲圭臬也。

二、全篇要旨

林紓曰：「齊物之意，無所謂人彼。有人有彼，即不能齊物，不能境智全忘，物我雙絕。」（莊子淺說）

歸有光曰：「欲齊天下之物論，當觀諸未始有物之先。」（莊子詮詁引）

郭象曰：「夫自是而非彼，美己而惡人，物莫不皆然，然故是非雖異，而彼我均也。」（莊子注）

王應麟曰：「是非毀譽，一付於物，而我無與焉，則物論齊矣。」（莊子詮詁引）

本師林景伊博士曰：「（莊子）以一死生，齊萬物，混善惡，而不譴是非，故欲齊物論。」（中國學術思想大綱）

三、篇章組織

(1)南郭子綦……怒者其誰邪——一切物論，皆若風吹衆竅而已。

(2)大知閑閑……吾獨且奈何哉——一切知覺形骸，盡爲虛幻，是非不足介意。

(3)夫言非吹也……莫若以明——是非相生，永無休止，惟有明道，乃能得其環中以應無窮。

(4)以指喻指之非指……謂之道——物之然不然、可不可、與夫成毀之間，在道視之，皆通而爲一。

⑸勞神明爲一……此之謂以明——有是非偏見則不能明道。
⑹今且有言於此……此之謂葆光——言語爭論，皆不能明道。
⑺故昔者堯問於舜曰……而況德之進乎日者乎——伐彼從我，豈爲至道。
⑻齧缺問乎王倪曰……而況利害之端乎——至德乃超乎是非生死利害之外。
⑼瞿鵲子問於長梧子……是且暮遇之也——生死如覺寐，不必強加分別。
⑽既使我與若辯矣……故寓諸无竟——辯論無益。
⑾罔兩問景曰……此之謂物化——忘己則物論自泯。

四、價值研判

逍遙齊物乃莊學之二環樞，莊書之義理，多由二篇推來，始得圓融無瑕。古今學者，咸以玆篇爲莊子自著，而未有疑之者。然以篇文龐雜，仍不能令人完全釋然。如本篇「夫道未始有封」下，釋文引崔譔曰：「齊物七章，此連上章，而班固說在外篇。」是今本齊物論，斷非漢代之舊，可以想見。故嚴靈峯先生曰：「莊子書闕有間，錯簡脫文，俯拾卽是。尤其齊物論一篇爲甚，顚倒散亂，有不可句讀者。」（莊子章句新編）亦其證也。

近人傅斯年作誰是齊物論之作者（民國二十五年中央研究院史語所集刊第六本），以爲齊物論乃愼到所作，其理由如下：⑴齊物論在莊子中獨成一格，其文詞曲折幽眇，與他篇之昭朗翺翔者不同。⑵思想決然無主，不似他篇之睥睨衆家。⑶莊子天下篇，舉愼到之學，說「棄知去己」「舍是與非」「塊不失道」等義，與齊物論思想合，而「齊萬物以爲首」一語，尤同於篇名。⑷莊子各篇，只有此篇名論，在愼到、荀況、呂不韋之前，亦未聞以論名篇。而史記孟荀列傳曰：「愼到著十二論。」則齊物論乃愼到所著十二論之首也。

其後有吳康作「莊子齊物論作者辨」，反駁傅氏之說，其理由爲：⑴莊周愼到同主自然之說，而內容趣致不同。莊子自然本相，休乎天鈞，是非兩行，萬物一體，此齊物論之中心思想。愼子則尚法重勢，以勢位推行法令，不賴賢智，使法勢成爲齊萬物之準。⑵愼子十二論已佚，篇名亦未著列，不可據「齊萬物以爲首」一語，斷其爲十二論之首篇。⑶莊書雖齊物外，無以「論」名篇，亦不能遽斷其非莊生作也。⑷齊物論文詞內容，左右屈伸，可隨人爲說，尤不易據以辨別其與他篇之異同也。（見錫園哲學文集）

予甚同情吳氏之說，而以傅說爲不可據。愼子漢志屬法家，而其注云：「先申韓，申韓稱之。」是愼子乃法家之所宗師。法家之齊萬物，旨在至公至平，不摻己意；而莊子之齊物論，旨在混同人我，不譴是非，二者乃大異其趣。天下篇言愼子之學，爲棄知去己、舍是與非、塊不失道者，乃謂其一切以法律爲標準，而不摻私智小慧於其間。而今齊物論之要旨，合於道家莊子之思想，而與愼到之主張大相逕庭，此乃顯而易見者也。

養生主第三

一、篇名釋義

陸德明曰：「養生以此爲主也。」（莊子音義）

林希逸曰：「主，猶禪家所謂主人公也。養其主此生者，道家所謂丹基也。」

陸西星曰：「養生主，養其所以主吾生者也。」

李衷一曰：「養生主者，養其生之主也。主，神也，所謂丹基也。」（以上三條，皆見南華眞經三註大全）

馬敍倫曰：「案主爲住省。說文作侸，從人，豈省聲。（今本作豆聲非）讀若樹。來者爲賓，住者爲主也。後賓主之稱同此。」（莊子義證）

陸樹芝曰：「人之生也必有所藉以生者，是生之主也。生者形也，主者神也。神者形之所持以立也。養之者，順其自然，行所無事，不隨知識之紛紜，以耗其神也。此篇對偏執強辨、以形勞天下爲道，至於逐物傷生而不知反者說。」（莊子雪）

本師林景伊博士，釋「生主」之義爲「心智」、「精神」，亦即「形之所恃以立者」；養生主者，「全其天守，凝其精神，不爲外物所累，不爲私慾所蔽。」（中國學術思想大綱）

辭源養生主條下注云：「莊子篇名。生以養存，而養必有道，是之爲主，故云。」

二、全篇要旨

郭象曰：「夫生以養存，則養生者理之極也。若乃養過其極，以養傷生，非養生之主也。」（莊子注）

胡遠濬曰：「此卽楞嚴經不循聲色，守於眞常之義。」（莊子詮詁）

按：養生與養形有異。形者生之所托，而生者形之主宰。徒言養形，則必遺其生主；而能養其生主，則形體亦得全焉。此篇言養生之方，在順應自然之法則。雖言養生，而養形之理，亦寓乎其中矣。

三、篇章組織

(1)吾生也有涯……可以盡年——人應順應自然法則，勿逐知識，以保身盡年。

(2)庖丁爲文惠君解牛……得養生焉——以庖丁解牛，喻養生之道，須依乎天理，因其固然。

(3)公文軒見右師……非人也——人生一切遭遇，皆由天命所定。

(4)澤雉十步一啄……神雖王不善也——以澤雉喻養生應自適本性。

(5)老聃死……古者謂是帝之懸解——達觀死生爲養生最高理解。

(6)指窮於爲薪……其盡也——以薪火喻形滅神存之理。

四、價值研判

王叔岷莊子校釋引隋釋吉藏百論疏卷之上云：「莊子外篇，庖丁十二年不見全牛」，而今本此文在內篇養生主第三。

唐蘭曰：「養生主老聃死一章……屬內篇，就文辭論，可認爲眞。」（見其老聃的姓名和時代考）

按：本文主旨言不應逐物傷生之理。首段概括要旨而爲言。次段爲一比喻，言養生之道，在順應自然之法則。三、四、五段，分別言養生之要，爲樂天安命、順應自然、哀樂不入。末言形體雖然有限，精神可垂不朽，爲一篇之結。全篇乃一氣呵成。或有以其字數，在諸篇中爲最少，而疑其散失者，蓋非是矣。

人間世第四

一、篇名釋義

陸德明曰：「此人間見事世所常行者也。」（莊子音義）

林希逸曰：「前言養生，此言人間世。蓋謂既有此身，而處此世，豈能盡絕人事？但要人處得好耳，便是外篇所謂，物莫足爲也，而不可不爲一段意思。」

李衷一曰：「人間世者，涉世也。夫道非絕俗，德非遁世，養生之人，功行未滿，潛

伏人間，安能不與世交接？」（上二條，皆見南華眞經三註大全）

阮毓崧曰：「慨人間之世界也。以世變無窮，惟人類間尤難處耳。」（莊子集註）

辭源人間世條下注云：「莊子篇名。人與人相代謝，斯世與世相遞擅。謂之間者，明世變之多故也。」

二、全篇要旨

郭象曰：「與人羣者，不得離人。然人間之變故，世世異宜，唯無心而不自用者，爲能隨變所適，而不荷其累也。」（莊子注）

陸樹芝曰：「天位乎上，地位乎下，而人與人並生其間，則天地之間一人間也。閱人成世，而我亦同處其間，適當此世。世涂中之險阻艱虞，有不可勝窮者，豈不危哉！必極備虛靈，因物以付，無不委曲周匝，庶世藉身而有功，身涉世而無患也。要而言之，欲以身入世，而一如出世，又必其身之不爲世用，而後得成其大用焉，此一篇之大旨也。」（莊子雪）

本師林景伊博士曰：「莊子人間世篇之主旨，實論所以處世之道。……故其論行事之情，交接之道，及傳言之難，皆所以明處世之方。」（中國學術思想大綱）

三、篇章組織

(1)顏回見仲尼……而況散焉者乎——顏回見仲尼請之衞故事。

(2)葉公子高……此其難者——葉公子高使齊事。
(3)顏闔將傳衞靈公太子……可不愼邪——顏闔問蘧伯玉事。
(4)匠石之齊……不亦遠乎——匠石見社樹事。
(5)南伯子綦……所以爲大祥也——南伯子綦見大木事。
(6)支離疏……支離其德者乎——支離疏事。
(7)孔子適楚……无傷吾足——孔子適楚事。
(8)山木自寇……而莫知无用之用也——山木自寇事。

四、價值研判

本篇向來無人懷疑，惟葉國慶所著莊子研究一書，獨持異議，其言略爲：

（一）體裁不類　內篇諸篇中，皆有議論，有譬喻——亦可謂之故事，而人間世全篇只是七段故事的組合。

（二）意義不連貫　第四第五第六章，皆喻不才之物得以自全，與上文之意不連串。第四第五章，一言社樹一言大木，又是重複。末段楚狂譏孔子不知進退，又與上段意不合。蓋第一第二段仲尼爲一明道之人，在末段忽變爲一暗昧之人，前後自相矛盾。

（三）思想不類：「古之至人……何暇至於暴人之所行」一段，與逍遙遊「至人無己，神人無功，聖人無名」云云不合。其句似脫自大學：「是故君子有諸己，而后求諸人，無諸己而后非諸人，所藏乎身不恕，而能喻諸人者，未之有也。」又：「仲尼曰：子之愛親命也……」一段，純爲儒家口吻，而全篇文筆，亦板而滯，不似逍遙遊齊物論。

（四）抄襲「孔子適楚……殆乎殆乎，畫地而趨」一段，乃衍論語微子篇而成者。莊子乃洸汪自恣之人，豈屑循人畦徑哉，可見此文非眞。

按：葉氏之第一條理由，雖爲一種說法，但不可作爲證據。因無人規定內篇各篇之敍述，必須採用同一種方式也。其第二條理由，亦不足取。以莊書各篇上下不貫，意義重複者尙多，皆後人編輯剪接之痕跡，未可斥其爲僞也。至云思想不類，亦未必然。莊子之「存諸己」，所存者爲自然、天道，與儒家之仁義不同；其「存諸人」，用一「化」字，與儒之以德、禮爲憑藉，又不相同。倘認此爲儒家之證，則應帝王篇，亦可視爲有淑世之意，而判其爲儒家所作者乎？至「子之愛親命也……」一段似儒家，乃係莊子借重孔子之言，爲求逼眞起見，不得不介入部份近乎儒家之言論，然此段並非該段之重心，胡可作爲證據？孔子適楚一段，似衍自論語，葉氏以莊子不屑循人畦徑非之。然莊書之中，尙多引證道德經之言，又當何說？豈非亦屬步人畦徑？蓋莊生之混同物論，其視老孔，固無二致也。

德充符第五

一、篇名釋義

陸德明曰：「此遺形棄知，以德實之驗也。」（莊子音義）

郭象曰：「德充於內，應物於外，外內玄合，信若符命，而遺其形骸也。」（莊子注）

林希逸曰：「符，應也。有諸己，則可以應諸外。充，足也。德足於己，則隨所感而應也。」

李衷一曰：「德充者，內充也。充，足也；符，驗也。德充之驗也。」（以上三條，皆見南華眞經三註大全）

阮毓崧曰：「凡內充玄德者，其外必有明徵，符卽徵驗之謂。」（莊子集註）

陸樹芝曰：「克全其天之謂德，德充於己，而驗應於人，若符節之相合然，故曰符。」（莊子雪）

胡遠濬曰：「德不形，充也；物不能離，符也。常因自然而不益生，所謂上德無爲而無以爲也。故老子又云：天地所以能長且久者，以其不自生。」（莊子詮詁）

二、全篇要旨

釋德淸曰：「德充實於內者，必能遊於形骸之外，而不寢處軀殼之間。蓋以知身爲大患之本，故不事於物欲；而心與天遊，故見之者，自能神符心會，忘形釋智，而不知其所以然也。」（莊子內篇憨山注）

本師林景伊博士曰：「雖與世俗處，獨能與天地精神往來，而不敖倪於萬物；遺形棄知，爲德之驗，故作德充符。」（中國學術思想大綱）

按：行於天地者，道也；道之充實於人者，德也。德充符者，言道德充實之效也。（見余所著先秦道家思想研究）

三、篇章組織

(1)魯有兀者王駘……何肯以物爲事乎——兀者王駘事。

(2)申徒嘉……子无乃稱——申徒嘉師伯昏无人，至於忘己形骸之殘缺。

(3)魯有兀者叔山无趾……安可解——叔山无趾以形殘爲可忘，以孔子爲天刑。

(4)魯哀公問於仲尼曰……德友而已——哀駘它形體雖惡而至德內充。

(5)闉跂支離无脤……其脰肩肩——支離无脤及甕㼜大癭事。

(6)故德有所長……獨成其天——總前：至德內充，可通於天。

(7)惠子謂莊子曰……子以堅白鳴——惠子與莊子辯論。

四、價值研判

唐蘭曰：「德充符魯有兀者叔山无趾一章，……兩『孔子曰』可疑，但或屬錯誤。」（老聃的姓名和時代考）

莊萬壽曰：「魯有兀者叔山无趾一章，或作『仲尼曰』，或作『孔子曰』不合，而『天无不覆，地无不載』亦似儒家語，故疑此段非莊子自作。末段『惠子謂莊子曰』既皆稱子，亦疑爲弟子所作，故附於篇後。」（莊子學述）

按：二說之證據，皆欠充分。叔山无趾一章，雖引孔子之語，然其主旨，在申得道之人，外乎形骸得失，而以孔子之業，爲天刑之，不可解，決非儒家言。不可因文中稱仲尼二字，即斷此非莊子所作也。至莊萬壽以末段惠子莊子，皆稱爲子而認其弟子所作，尚無不當。蓋莊子不宜自稱爲子；然猶係純粹莊子之思想也。

大宗師第六

一、篇名釋義

陸德明曰：「崔云：遺形忘生，當大宗此法也。」（莊子音義）

林希逸曰：「大宗師者，道也。猶言聖法天，天法道，道法自然也。」

李衷一曰：「宗師，學者所尊主之稱。冠之以大，猶云衆父父也。釋氏言最無上乘是也。」（以上二條，皆見南華眞經三註大全）

陸樹芝曰：「大宗師，猶言大道法也。」（莊子雪）

辭源大宗師條下注云：「莊子篇名。師，法也。言遺形忘生，當大宗此法也。」

按：宗，主也。（王先謙說）師，法也，效也。大宗師者，言以道爲人之大主宰，大師法也。

二、全篇要旨

郭象曰：「雖天地之大，萬物之富，其所宗而師者，無心也。」（莊子注）

阮毓崧曰：「道可以爲衆父父，卽大祖大宗也，卽人與天地所師法者也。」（莊子集注）

宣穎曰：「張子云，乾爲父，坤爲母，民吾同胞，物吾與也，可以知大宗矣。老子云，人法地，地法天，天法道，道法自然，可以知大師矣。」（南華經解）

胡遠濬曰：「能知萬物一本，萬法歸一，則達道矣，則知天命矣。」（莊子詮詁）

本師林景伊博士曰：「上與造物者遊，下與外死生無終始者爲友，不落於形體，不墮於一偏，是爲道之大宗，故作大宗師。」（中國學術思想大綱）

按：本篇一方面論道之存在，一方面論道之程序與夫得道之眞人。忘死生，舍功名，屛仁義，棄禮樂，以斷外物死生成毀變化之亂，無擾其寧靜。蓋惟無心者，始能遺形忘生，而不落於形體，不墜於一偏，而以道爲大宗師也。

三、篇章組織

(1)知天之所爲……何謂眞人——惟有眞人，乃有眞知。

(2)古之眞人……而不自適其適者也——論古之眞人。

⑶古之眞人……不如兩忘而化其道——眞人外乎死生與是非善惡。

⑷夫大塊載我以形……而一化之所待乎——大道陶冶萬有，吾人應順其自然。

⑸夫道有情有性……比於列星——論道及得道之效。

⑹南伯子葵……參寥聞之疑始——談修道之方。

⑺子祀子輿子犂子來……成然寐蘧然覺——子祀等三人，順乎大化，以生死存亡爲一體。

⑻子桑戶孟子反子琴張……天之小人也——子桑戶等三人，忘懷死生變化之哀樂。

⑼顏回問仲尼曰……乃入於寥天一——孟孫才不知生死。

⑽意而子見許由……此所遊已——許由言大道於意而子。

⑾顏回曰回益矣……丘也請從而後也——顏回坐忘。

⑿子輿與子桑友……命也夫——子桑困窮而歌。

四、價值研判

王叔岷認向秀所見莊子，本篇當在養生主之前，其言曰：「如大宗師篇第六，『此古之所謂縣解也』下，釋文引向秀注云：『縣解，無所係也。』而養生主篇第三『古者謂是帝之縣解』下，向氏反無注，可知向氏所見大宗師篇，當在養生主篇之前也。」（莊子校釋）

唐蘭認爲本篇子桑戶死一章，恐非莊子原文。

其言曰：「內篇人間世德充符大宗師，對孔子皆稱仲尼，獨大宗師子桑戶死一章稱孔子，可見此章乃另一人作。道家之莊子，似不應如儒家稱孔子爲孔子，稱仲尼者反近乎情，則子桑戶死一章，恐非莊子原文。但德充符叔山无趾章有兩『孔子曰』，同時亦稱仲尼，則似傳寫之誤。」（老聃的姓名和時代考）

聞一多認本篇第二段自「若然者，其心志，其容寂」至「而不自適其適者也」凡一百一字，乃莊子後學之言，錯入本篇。其言曰：

「案自篇首至『天與人不相勝也，是之謂眞人』，中間凡四言『古之眞人』，兩言『是之謂眞人』，文意一貫，自爲片段。惟此一百一字與上下詞旨不類，疑係錯簡。且『聖人之用兵也，亡國而不失人心』，寧得爲莊子語？可疑者一也。務光事與許由同科，許由者逍遙遊篇既擬之於聖人，此於務光乃反譏之爲『役人之役，適人之適，而不自適其適者』，可疑者二也……『利澤施於萬世』又見天運，『適人之適，而不自適其適者也』又見駢拇，並在外篇中。以彼例此，則此一百一字，蓋亦莊子後學之言，退之外篇可耳。」（莊子內篇校釋）

莊萬壽認意而子見許由一章，爲戰國後近老派學者所湊成：

「『意而子見許由』一章，『夫盲者无以與乎眉目顏色之好，瞽者无以與乎青黃黼黻之觀』二句，又見逍遙遊。許由所曰：『吾師乎……而不爲巧』，又見天道，『許由曰』變為『莊子曰』。文例意義多與老子卅四章同，疑此段是戰國末年以後近老派學者所湊成。」
（莊子學述）

按：王氏之說，為篇次問題，與本篇之價值無涉。唐氏雖認子桑戶死一章，非莊子原文，然其所持之理由，為不應稱仲尼為孔子，但又無從自圓其說，僅能以傳寫之誤解之。聞一多所言，亦不能成立。因此一百一字，乃用以形容真人之性質，與上下之文，正相連貫也。且莊子書中，聖人真人神人至人，其揆一也。並非脫離現實之世界，而欲求得精神之自由。若人間世、應帝王，亦不可謂其毫無入世意味。故此篇云：「聖人之用兵也，亡國而不失人心」，並無不可。逍遙遊篇，許由雖「無名」「無功」，而不能「無己」，故其「鷦鷯巢於深林，不過一枝，偃鼠飲水，不過滿腹」之言，皆取足於己。是其猶有所待，不能逍遙，正係「役人之役，適人之適，而不自適其適者也」。兩處之說，實屬一致，並無矛盾之可言。莊萬壽所提意而子見許由一章，循讀再三，實未有與老子相同之跡。至以文句與他篇相似，而疑其價值，則非余之所敢知也。總之，懷疑論之證據，均欠充分，此篇大致可信為莊子所作。

應帝王第七

一、篇名釋義

陸德明音義引崔云：「行不言之教，使天下自以為牛馬，應為帝王者也。」

郭象曰：「夫無心而任乎自化者，應爲帝王也。」（莊子注）

林希逸曰：「老子言，王法天，天法道，道法自然。此篇以應帝王名者，言帝王之治天下，其道應如此也。」（南華眞經三註大全）

陸樹芝曰：「帝王治人也，應帝王治法也。」（莊子雪）

錢澄之曰：「謂之應者，時至則然也。……應而不藏，此其所以遊，所以逍遙與？」（莊子詮詁引）

按：篇名之義，言應物自爲，而不爲之主宰之帝王也；亦爲道家無爲而治之治法也。

二、全篇要旨

本師林景伊博士曰：「莊子以爲忘形骸，外死生，無終始，無心而任乎自化，行不言之教，以無爲之治，使天下之人，忘物我之別，去是非之見，始可以治天下，以應帝王。」（中國學術思想大綱）

按：本篇爲莊子之政治思想。其內容爲：法天之理，順民之性，無心無爲，任乎自化，歸眞反樸，而長葆其本性也。蓋莊子既主逍遙自由，不凝滯於物，以全其性，以保其眞，則其發爲政治，自亦以放任無爲爲要約也。

三、篇章組織

(1)齧缺問於王倪……而未始於非人——古帝泰氏之治，一本自然。

(2)肩吾見狂接輿……而曾二蟲之无知——狂接輿論有爲之治。

(3)天根遊於殷陽……而天下治矣——无名人論治道，當順物之自然。

(4)陽子居見老聃……而遊於无有者也——老聃論明王之治。

(5)鄭有神巫……一以是終——壺子、列子與巫咸故事。

(6)无爲名尸……故能勝物而不傷——至人處世之道。

(7)南海之帝……七日而渾沌死——渾沌鑿竅，七日而死。

四、價值研判

莊萬壽曰：「本篇凡七章組成，大抵無可生疑者，惟『陽子居見老聃』，老聃之語與天地篇相類；而謂『明王之治，功蓋天下，而似不自己，化貸萬物而民弗恃』，亦與老子卅四章同義。故莊子寓言引前人之言，非皆出於杜撰。」（莊子學述）

第五章　分篇討論——外篇部份

駢拇第八

一、篇名釋義

陸德明曰：「舉事以名篇。駢，廣雅云，並也。李云，併也。拇，音母，足大指也。司馬云，駢拇，謂足拇指連第二指也。崔云，諸指連大指也。」（莊子音義）

成玄英曰：「駢，合也。謂足大拇指與第二指相連合爲一指也。」（莊子集釋）

馬敍倫曰：「駢借爲并。說文曰：并，相從也。」（莊子義證）

按：此篇以首句「駢拇枝指，出乎性哉」而得名。駢拇者，謂足大拇指與第二指相連爲一也。

二、全篇要旨

郭象曰：「夫長者不爲有餘，短者不爲不足，此則駢贅皆出於形性，非假物也，然駢與不駢，其性各足。」（莊子注）

李衷一曰：「駢拇篇，以道德爲正宗，而以仁義爲駢附，正好與老子失道而後德，失德而後仁，失仁而後義參看，莊子宗旨，全在此篇。」（南華眞經三註大全）

王夫之曰：「駢拇乃『爲善無近名，爲惡無近刑』之旨，其言『至正』言『常然』，亦與『緣督爲經』相近。而徒非斥仁義，究無獨見之精。」（莊子解）

陸樹芝曰：「論德性所不當有者，猶駢技贅疣之於形也。……以御馬明治術也。」（莊子雪）

胡遠濬曰：「此老子絕仁棄義民復孝慈之旨，亦即所謂絕學無憂也。得人之德，惟以仁義爲名，又豈解所謂之云何乎？務學之害，一至於此。」（莊子詮詁）

三、篇章組織

(1)駢拇枝指……非天下之至正也——仁義、聲音、彩色、辯論、百家之說，皆駢枝，非自然（天下之正）。

(2)彼正者不失其性命之情……無所去憂也——所謂天下之正（自然）是什麼？

(3)意仁義其非人情乎……天下何其囂囂也——仁人多憂，如決駢拇、齕枝指。

(4)且夫待鉤繩規矩而正者……使天下惑也——仁義悖乎自然（失其常然）。

(5)夫小惑易方大惑易性……又惡取君子小人於其間哉——三代以下，莫不以物易性，伯夷、盜跖一也。

(6)且夫屬其性乎仁義者……而下不敢爲淫僻之行也——眞正之善，在於畜德，在於任性命之情，在於自聞自見。

四、價值研判

蔣復璁莊子考辨曰：「駢拇、馬蹄、胠篋、刻意、繕性五篇，文氣平衍，詞句凡近，通篇一意到底；有如後世之策論。」（黃雲眉古今僞書考補註引）

吳澄曰：「莊生書瓌瑋參差，不以觭見之。唯駢拇胠篋馬蹄繕性刻意五篇自爲一體，其果莊氏之書乎？抑周秦間文士之所爲乎？未可知也。」（莊子內篇訂正）

蘇輿曰：「駢拇下四篇，多釋老子之義。周雖悅老風，自命固絕高，觀天下篇可見。四篇於申老外，別無精義，蓋學莊者緣老爲之，且文氣直衍，無所發明，亦不類內篇汪洋俶詭。」（莊子集解引）

葉國慶曰：「此篇陳義淺近，末段『余愧乎道德，是以上不敢爲仁義之操，而下不敢爲淫僻之行也』云云，是莊子爲一拘謹守法之人矣，與內篇不類。」（莊子研究）

兒島獻吉郎曰：「予認莊子爲孟子時人，而以胠篋篇爲秦以後之書。」（莊子考）

按：此篇雖覺摻有老、孔思想之迹，然其大要，仍言順性自然之旨，合於漆園之所論。「余愧乎道德，是以上不敢爲仁義之操，而下不敢爲淫僻之行也」，正乃養生主篇：「爲善無近名，爲惡無近刑，緣督以爲經」之意，至少亦係莊生後學之所作。

馬蹄第九

一、篇名釋義

陸德明曰：「舉事以名篇。馬，釋名云，武也。王弼注易云：在下而行者也。蹄，音提。司馬云：馬足甲也。」

按：此篇以首句「馬蹄可以踐霜雪」而得名，馬蹄者，馬足之甲也。

二、全篇要旨

郭象曰：「駑驥各適於身而足。」（莊子注）

林希逸曰：「此篇言聖人治天下之過，其意則自前篇天下有常然生下。」（南華眞經三註大全）

王夫之曰：「馬蹄引老子無爲自正之說，而長言之。」（莊子解）

胡遠濬曰：「此衍老子無爲而無不爲之旨。」（莊子詮詁）

按：老子之政治學說，崇尚無爲，莊子之政治理論，亦主不干涉政策，而以道德力量風化之，實亦無爲而治之意也，不必指其申老。

三、篇章組織

(1)馬蹄可以踐霜雪……此亦治天下者之過也——伯樂治馬，反爲害馬；陶者匠人，皆反物之天性，此亦治天下者之過也。

(2)吾意善治天下者不然……素樸而民性得矣——至德之世，理想政治。

(3)及至聖人……聖人之過也——聖人毀道德以爲仁義，故天下大亂。

(4)夫馬陸居則食草……伯樂之罪也——伯樂使馬有知，失其本性。

(5)夫赫胥氏之時……此亦聖人之過也——理想國因聖人之治禮樂而告破滅。

四、價值研判

姚鼐曰：「馬蹄胠篋及在宥之首二章，皆申老子之說，然非莊子之文。」（莊子章義）

鄭瑗曰：「馬蹄胠篋諸篇，文意亦凡近，視逍遙遊大宗師諸篇殊不相侔。」（井觀瑣言）

林希逸曰：「馬蹄篇便是箇長枝大葉處，故或者以爲非莊子所作，卻不然。」（莊子公義）

林雲銘曰：「馬蹄篇自首至末只是一意，其大旨從上篇，『天下有常然』句生來，莊文之最易讀者。然其中體物類情，筆筆生動，或以爲意不多而詞費，疑爲擬莊者所作，恐他手未易到此也。」（莊子因）

按：姚、鄭二氏，皆認此篇非莊子之文，而林希逸、林雲銘則確認此篇必出莊生之手。余則以爲本篇全屬無爲而治之理論，其主放任而擯干擾，正好與應帝王篇參看。

胠篋第十

一、篇名釋義

陸德明曰：「舉事以明篇。胠，史記作擔。司馬云，從旁開爲胠，一云，發也。」

成玄英曰：「胠、開，篋、箱。」

馬敍倫曰：「胠借爲劫，說文曰，劫人欲去，以力脅止曰劫。或曰，以力止去曰劫。史記作擔者，擔，說文作搚，借爲劫，古讀見曉二紐，皆淺喉音也。」（莊子義證）

辭源胠篋條下注云：「竊盜也。謂發人箱篋以盜物者。莊子有胠篋篇」

按：本篇因首句「將爲胠篋……」而得名，題意即「打開箱子」。

二、全篇要旨

林希逸云：「夫聖人以聖知仁義治天下，而天下復竊聖人之仁義聖知以濟其私，則聖人之治法，適足以爲大盜媒，故絕聖棄知，絕仁棄義，而天下治矣。」（南華眞經三註大全）

王夫之曰：「胠篋引老子聖人不死大盜不止之說，而鑿鑿言之，蓋懲戰國之紛紜，而爲憤激之言，亦學莊者已甚之成心也。」（莊子解）

陸樹芝曰：「按漆園非眞欲掊擊聖人殫毀聖法，但以後世方術，一察自是，而不知究其弊，則雖出自前聖，猶爲亂盜所由起，而小知自用者，乃欲竊取前聖之糟粕以爲勝算，則其術益卑，爲禍益烈矣，須知意在矯枉，自不嫌于過正耳。」（莊子雪）

胡遠濬曰：「此衍老子絕聖棄知之說。」（莊子詮詁）

羅根澤曰：「王夫之，姚鼐，蘇輿都說此四篇是引申老子者，皮相之言，糢糊得很。『絕聖棄智』雖然是老子之說，但老子的『聖人觀』則與此絕對不同。所以可以說此四篇曾受了老子的影響，不能說是完全引申老子之說，不能說是老子派的作品。」（諸子考索）

三、篇章組織

(1)將爲胠篋……有不爲大盜守者乎——胠篋之守，以喻世俗之聖知，皆爲大盜積爲大盜守者也。

(2)何以知其然邪……以守其盜賊之身乎——例證一，田成子盜齊，并竊其聖知之法。

(3)嘗試論之……故四子之賢而身不免乎戮——例證二，暴君竊聖人法度，故四子見戮。

(4)故跖之徒問於跖曰……天下未之有也——例證三，盜亦有道。

(5)由是觀之……則是重利盜跖也——聖人是亂源，聖人不死大盜不止。

(6)爲之斗斛以量之……非所以明天下也——大盜竊斗斛符璽及仁義，是聖人利盜跖。

(7)故絕聖棄知……法之無所用也——爲治之道，在絕聖棄知，並捐除一切標準、言談。

(8)子獨不知至德之世乎……若此之時則至治已——理想政治。

(9)今遂至使民延頸舉踵……則天下大亂矣——好知之患，時代寫眞。

⑽何以知其然邪……啍啍已亂天下矣——人應向內心求（求其所已知者），好知則亂天下。

四、價值研判

焦竑曰：「之噲讓國在孟子時，而莊文曰，昔者陳恒弒其君，孔子請討。莊子身當其時，而胠篋曰，陳成子弒其君，子孫享國十二世。卽此推之，則秦末漢初之言也。豈其年踰四百歲乎？曾史盜跖與孔子同時，楊墨在孔後孟前，莊子內篇三卷未嘗一及五人，則外篇雜篇多出後人可知。又封侯宰相等語，秦以前無之，且避漢文帝諱，改田恆爲田常，其爲假託尤明。」（焦氏筆乘）

焦氏於此，共提出四個問題：⑴田成子十二世有齊國，⑵曾史之年代，⑶封侯宰相等詞，⑷謚號問題。

此篇言田成子十二世有齊國，前人多有疑之者，如

葉國慶曰：「本篇云田成子十二世有齊國。按田齊亡于秦始皇二十七年，莊子不及見。」（莊子研究）

是故胡適中國古代哲學史，卽認此篇非周自作：

「卽如胠篋篇言田成子十二世有齊國，自田成子至齊亡時，僅十二世（此依竹書紀年，若依史記，則但有十世）可見此篇決非莊子自作。」

顧頡剛則認此篇爲秦滅齊後所作：

「胠篋言田成子殺齊君，十二世有齊國，可見此篇在秦滅齊後所作。如莊子與惠施同時，必不能說此語。其餘諸篇，稱莊子曰或夫子曰者，卽認爲莊子之言，亦爲其弟子所記。」（古史辨第一册）

然若認此爲西漢文筆，亦嫌過份。林雲銘曰：

「胠篋篇亦與上篇意同，但此更覺痛發；憤世嫉邪，幾於已甚矣。其文情飛舞，奇致橫生。林疑獨以篇中有十二世有齊國等語，以爲西漢之文，然西漢有此汪洋氣局，恐無此精鑿議論也。」（莊子因）

關於十二世之解釋，諸家之說如左：

史記田敬仲世家索隱曰：「莊周及鬼谷子亦云：『田成子殺齊君，十二代而有齊國。』今據系本系家，自成子至王建之滅，抵十代，若如紀年，則悼子及武剡卽有十二代，與莊子鬼谷說同。」

梁任公證明史記誤作十代，遺卻悼子及田侯剡二代。（詳見其所著諸子考釋）

釋文曰：「自敬仲至莊子，九世知齊政，自太公和至威王，三世爲齊侯，故云十二世也。」

兒島獻吉郎莊子考：「自田成子弒其君簡公，至齊之滅亡，凡十二世。田成子、田

襄子、田莊子、田悼子、田侯和、田侯剡、田侯午、威王、宣王、湣王、襄王及建，是也。」（莊子考）

姚鼐曰：「胠篋篇有『十二世有齊國』，自田常至王建十世，上合桓子無宇釐子乞爲十二世。田氏自桓子始大，故合言十二世。此篇是先秦時文字。大約外篇雜篇多非莊生所爲，此人蓋有慨於始皇，故言最憤激。胠篋馬蹄及此篇皆雄之，而此篇尤奇肆。」（莊子章義）

俞曲園認原作「世世有齊國」，後因誤倒及誤會，遂成「十二世」。

俞樾曰：「釋文說非也。本文是說田成子，不當追從敬仲數起。疑莊子原文本作『世世有齊國』，言自田成子之後，世世有齊國也。古書遇重字，止於字下作二字以識之，應作『世二』有齊國，傳寫者誤倒之，則爲二世有齊國。於是其文不可通，而從田成子追數至敬仲，適得十二世，遂臆加十字於其上耳。」（古書疑義舉例）

嚴靈峯先生依列子力命篇（原作楊朱篇）「田恒專有齊國」一語，改「十二世」作「專」（莊子章句新編）亦自有見。要之，即使能以「十二世」證明非周自作，然而既非西漢文筆，其爲先秦、戰國或竟周之弟子所作，仍可無疑也。

關於曾、史之年代問題，羅根澤亦有補充之意見，認其不應二人并稱。其言曰：「曾子和史鰌並稱曾史，內篇沒有見過，外雜中其他各篇，也沒有過。惟天地篇有『跖與曾史』

一句，是受了駢拇的影響。其餘先秦各書，惟韓非子每以二人並稱，正與（駢、馬、胠、在）四篇爲戰國末年作相應。」（諸子考索）然亦不違戰國末年之時代也。

關於封侯宰相問題，莊萬壽作莊子學述，認「封侯」，「宰相」先秦有之。其說略以封侯乃西周之古制，封建卽是封諸侯之土地。說文曰：「封，爵諸侯之土。」穀梁傳曰：「古者天子封諸侯。」（襄二十九年）是古有封侯之詞矣。宰相見於韓非子顯學篇、呂氏春秋制樂篇，焦氏之說未審矣。

關於謚號問題，焦氏之說有欠正確，蓋名恒字常，並非避諱也。

王念孫曰：「田常本作陳成常。成其謚也，恒其人也。（淮南子）人間篇正作陳成常，呂氏春秋愼勢篇同。……又說山篇（淮南子篇名）陳成子恒之劫子淵也，子字亦後人所加。」（讀書雜志九之十三）而卽使避諱，亦未必不可定自漢人。故羅根澤曰：「未必不是原作田恒，至漢改作田常？」（諸子考索）

許地山著中國道教史，以今本鬼谷子中多有胠篋篇文句，而認此篇乃由鬼谷子抄來。

按：許氏此說未審。鬼谷子爲六朝之作，柳宗元、姚際恒辨之已詳。（見辨鬼谷子及古今僞書考）實乃僞作鬼谷子者，竊莊子書而爲之，非竊自鬼谷子也。

在宥第十一

一、篇名釋義

陸德明曰：「以義名篇。」（莊子釋文）

成玄英曰：「宥，寬也。在，自在也。」（莊子疏）

阮毓崧曰：「司馬云：在，察也；宥，寬也。見文選謝靈運九日詩注。蘇云：在不當訓察，察之則固治之矣。在，存也。存諸心而不露是非善惡之迹，以使民相安於渾沌，正胠篋篇含字之旨。宥，陸亦訓寬，音又。宣云，寬然容之，不驅之也。」（莊子集注）

陸樹芝莊子雪引呂註：「在者存之而不亡，任自然而不益；宥者，放之而不縱，如囿之有物也。」

馬敍倫案：「存在一字。（詳說文六書疏證）說文曰：存，恤問也。宥，借爲右。說文曰：右，助也。齊物論：有左有右。崔本右作宥。是其證也。」（莊子義證）

辭源在宥條下注云：「莊子篇名……在宥，宥使自在，猶言任物自爲也。」

按：本篇因首句「聞在宥天下……」而得名，意即不干涉，不節制，順其自然。

二、全篇要旨

郭象曰：「宥使自在則治，治之則亂也。人之生也，直莫之蕩，則性命不過，欲惡不爽。在上者不能無爲，上之所爲，而民皆赴之。故有誘慕好欲，而民性淫矣。故所貴聖王者非貴其能治也，貴其無爲而任物之自爲也。」（莊子注）

陸方壺云：「夫天下不可以治治之也，以故聖人在之宥之，使各安性命之情，而無不恬不愉之患，總之，則無爲其至矣。」（南華眞經三註大全）

辭源在宥條下注云：「……言所貴乎聖王者，貴其無爲而任乎物之自爲，治之則反亂，故曰聞在宥天下，不聞治天下也。」

三、篇章組織

(1)聞在宥天下……而後有盜跖曾史之行——在宥天下而非治天下，順自然而無爲。

(2)故舉天下以賞其善者……安其性命之情哉——賞罰無用。

(3)而且說明邪……吾若是何哉——明、聰、仁、義、禮、樂、聖、知，是亂天下者。

(4)故君子不得已而臨蒞天下……吾又何暇治天下哉——無爲，順性命之情，而天下治。

(5)崔瞿問於老聃曰……故曰絕聖棄知而天下大治——論人心，並言天下之亂，在儒墨之攖人心。

(6)黃帝立爲天子……人其盡死我獨何存——黃帝與廣成子論道：精神至上修道之要。

(7)雲將東遊過扶搖之枝……再拜稽首起辭而行——雲將與鴻蒙論道：修道在渾沌無知。

(8)世俗之人……是之謂至貴——欲圖出衆，反不得出衆，惟不物物者，能出入六合，遊乎九州。

(9)大人之教……覩無者天地之友——論大人之教。

(10)賤而不可任者物也……不可不察也——有天道有人道，聖人當照之以天。

四、價值研判

王夫之認此篇雖間推老說，然其大意，與內篇相近：

「在宥言有條理，意亦與內篇相近；而間推老子之說，滯而不圓，猶未得象外之旨，亦非莊書。」（莊子解）

胡文英曰：「在宥篇末，『賤而不可任者物也』一段，無甚精義微言，與天地篇首節俱有訓詁氣，想為贗手所竄。」（莊子獨見）

宣穎亦曰：「在宥篇末『賤而不可任者物也』一段，意膚文雜，與本篇義不類，不似莊子之筆，或係後人續貂。」（南華經解）

末段頗有訓詁氣，又與莊子思想不類，胡宣之疑，不為無理。

莊萬壽認本篇乃係秦漢間之作品，理由略為：

(1)廣成子疑是秦漢方士所假託之神仙，先秦書未有廣成子之名，莊書亦獨見於此。方士丹鼎派，起於秦漢之際，始皇時，侯生倡神仙之說，漢初尤崇方士，一時上下景從，蔚為風氣，則廣成子之作，此其時也。

(2)通篇大半為四言韻文，與秦石刻碑文，體例相似，疑是秦漢方士文體。

(3)「堯於是放讙兜於崇山，投三苗於三峗，流共工於幽都」是儒家之傳說，見於尚書堯典，孟子萬章，大戴記五帝德，疑本篇出於大戴記之後。(莊子學述)

天地第十二

一、篇名釋義

陸德明曰：「以事名篇。釋名云：天，顯也；高顯在上也。又坦也，坦然高遠也。地，底也。其體底下載萬物也。禮統云：天地者，元氣之所生，萬物之祖也。易說云：元氣初分，清輕上爲天，濁重下爲地。」(莊子釋文)

按：此篇因首句「天地雖大其化均也」而得名。天爲包圍地球之空間。地，承載萬物、生長萬物之場所。天地合言，指其範圍內之一切，即大自然之意。

二、全篇要旨

陸方壺曰：「此篇言王者法天，天法道，道法自然。故其所論聖德，聖治，一以無爲自然爲宗。」

褚注：「此篇首論天地大化，人物衆多，在君人者汎觀以道，直行以德，無爲無欲，官治義明。」(上二條，見南華眞經三註大全)

陸樹芝曰：「此篇亦發明君天下者，但當順天德之自然，絕聖棄知，無所作爲而道得

焉矣。」（莊子雪）

胡遠濬曰：「此卽在宥篇末章之旨，而語加詳。葢心不能離體爲用；必得其端末大本以爲之主，則凡粗末之迹，自能如臣之聽命。」（莊子詮詁）

三、篇章組織

(1)天地雖大其化均也……無心得而鬼神服——畜天下之道。

(2)夫子曰夫道覆載萬物……萬物一府死生同狀——君子應順應自然，不爲外物所動。

(3)夫子曰夫道淵乎其居也……大小長短脩遠——王德之人，遇物逍遙。

(4)黃帝遊乎赤水之北……異哉象罔乃可以得之乎——黃帝遺其玄珠，象罔索而得之。

(5)堯之師曰許由……南面之賊也——許由論齧缺。

(6)堯觀乎華……封人曰退已——華封人祝堯三多。

(7)堯治天下……俋俋乎耕而不顧——賞罰之害。

(8)泰初有無無有無名……是謂玄德同乎大順——論道與玄德。

(9)夫子問于老聃曰……是之謂入於天——評辯者。

(10)將閭葂見季徹曰……欲同乎德而心居矣——季徹與將閭葂談論政道。

(11)子貢南遊於楚……羞而不爲也——丈人不用機械以去機心。

(12)子貢瞞然慚……予與汝何足以識之哉——諷刺儒者。

——⑾⑿雖爲兩層意思，但實一章。

⒀諄芒將東之大壑……此之謂混冥——論聖治、德人、神人。

⒁門无鬼與赤張滿稽……行而无迹事而无傳——至治不治，至善無迹。

⒂孝子不諛其親……不亦悲乎——論是非與大愚大惑。

⒃大聲不入於里耳……不推誰其比憂——天下皆惑，不必強人同己。

⒄厲之人……似己也——惡人亦愛其子，足見其性善良。

⒅百年之木……亦可以爲得矣——諷百家之失性。

四、價值研判

莊萬壽曰：「此下三篇，爲受儒家、陰陽家影響頗深之道家學者所作，三篇思想大致相同，文字亦有由此篇脫簡爲他篇者。如天運之『夫至樂者』以下三十五字，乃天道篇脫簡（見王叔岷莊子斠證）。各篇諸章亦非出於一人之手。」（莊子學述）

嚴靈峯曰：「係莊周後學『解莊』者所作，文中輒稱『故曰』，疑其下多引莊子之言，今佚之耳。」（莊子新編）

胡文英曰：「天地篇首節，具有訓詁氣，想爲贋手所竄。」

又曰：「華封人段，光景力量所望，不過如說苑新論之間，不必以義無著落爲疑。子高段敘述一毫無味，而德衰亂始之故，究竟爲何而來？贋筆無疑。」（莊子獨見）

林雲銘曰：「天地篇陸方壺云：『頭緒各別，不可串爲一章。』是有故焉。余細玩其中，如華封人伯成子高漢陰丈人數段，結構雖工，咀嚼無復餘味，疑爲好事者竄入。華封人一段義無著落，其詞頗近時趨，疑非莊叟眞筆。莊子之所以稱者，以其奇宕之氣，雋永之理，千古常新，愈熟愈妙也。伯成子高一段，如此淺率直遂，其何以爲莊子？噫！好事者爲之也。漢陰丈人一段，大類漁父篇意，其文絕無停蓄蘊藉，中間又有紕繆之語，爲後人竄入無疑。」（莊子因）

姚鼐曰：「上僊是秦以後人語。」（莊子章義）

吳汝綸曰：「白雲帝鄉亦非雅詞，周秦人無此。」又曰：「獨弦哀歌賣名聲等字，非周秦人語。」（點勘莊子讀本）

唐蘭曰：「天地夫子問於老聃曰一章，其假甚顯。因『離堅白若懸寓』，非孔子時之問題，又稱孔子爲夫子，聃答詞亦與應帝王篇所言相類。」（老聃的姓名和時代考）

蔣復璁莊子考辨曰：「『立德明道，此謂王德之人』，與『孝子不諛其親，忠臣不諛其君，臣子之盛也』，皆爲儒家之言，與莊子無與。」（黃雲眉古今僞書考補註引）

按：姚吳二氏所疑者，爲華封人段，即第六段也，而伯成子高爲第七段，漢陰丈人爲第十一段，夫子問於老聃爲第九段，蔣復璁所提者，爲第三段及第十五段。吾意以爲此篇章各一義，非一人所作。雖不無無味之文，然亦多道家之言，且如(3)(4)(8)(16)(18)亦多申莊子之意，不可比而非之也。

天道第十三

一、篇名釋義

陸德明曰：「以義名篇。」（莊子音義）

「天道運而无所積，故萬物成」下，成玄英疏云：「運，動也，轉也。積，滯也，蓄也。言天道運轉，覆育蒼生，照之以日月，潤之以雨露，鼓動陶鑄，曾無滯積，是以四序回轉，萬物生成也。」（莊子疏）

辭源天道條下注云：「⑴天理也。易：天道下濟而光明。書：天道福善禍淫。⑵天象占驗也。左傳：天道遠，人道邇。國語：吾非瞽史，焉知天道？」

按：此篇取辭源之第一義，乃因首句「天道運而无所積」而得名。

二、全篇要旨

林希逸曰：「此篇言帝王之道，以天地爲宗，以道德爲主，以自然爲用，以虛靜恬澹寂寞無爲爲道之本。本在於上，末在於下，要在於君，詳在於臣，皆極醇無疵之語。」（南華眞經三註大全）

陸樹芝曰：「言天道淸靜無爲，君道亦必淸靜無爲，此君天下之本也。」（莊子雪）

王夫之曰：「此篇暢言無爲之旨，有與應帝王相發明者。」（莊子詮詁引）

三、篇章組織

(1)天道運而無所積……與天和者謂之天樂——天道運而無積，人應與天相和，虛靜恬淡，寂寞無爲。

(2)莊子曰吾師乎……以畜天下也——莊子以道爲師：論道與得道之樂。

(3)夫帝王之德……而用人羣之道也——論無爲政治，帝王之德。

(4)本在於上末在於下……安取道——論本末與次序。

(5)是故古之明大道者……非上之所以畜下也——非儒及刑名之不知本末。

(6)昔者舜問於堯曰……天地而已矣——政術。

(7)孔子西藏書於周室……意夫子亂人之性也——孔子見老子，有非儒之意。

(8)士成綺見老子而問曰……其名爲竊——老子之修養，寵辱不動其心，並論修身之道。

(9)老子曰夫道於大不終……有所定矣——悲世人之重形名聲色，乃貴不當貴。

(10)桓公讀書於堂上……古人之糟粕已夫——道乃不可見不可傳，典册皆古人之糟粕。

四、價值研判

此篇前賢多有疑之者，或據思想，或依文氣，或依用詞，議論甚多。如王夫之云：

「天道有與莊子之旨適不相侔者，特因老子守靜之言而演之，亦未盡合于老子。蓋秦漢間學黃老之術，以干人主者之所作也。莊子之說，合上下隱顯貴賤小大而通於一。此篇以無爲爲君道，有爲爲臣道，則剖道爲二，而不休乎天鈞。且既以有爲爲臣道矣，又曰，『以此北面』，則自相刺謬。」（莊子解）又淸林雲銘云：

「天道篇以天地作線，而歸本於無爲。言及本末要詳上下君臣，理極醇正，而且近情。但細玩其文，別有一種蒼秀繚繞之致，行雲流水之機，切近時趣，全無奇氣，恐亦叔敖衣冠也。然有此自成一家，可不必深辯矣。」（莊子因）

胡文英曰：「天道篇首段亦有議論精鑿處，而太覺平妥，絕無騰挪撇脫之勢，又無離奇夭矯之句，贋作也。」（莊子獨見）

顧頡剛曰：「又如天道天運均有老子告孔子勿語仁義之語，意同而文異，可見此二篇非一人作。此二篇作者，各本所聞，憑己意發揮，故有此似異而實同之語，有類於墨子之尙賢以下三篇。」（古史辨第一册）

朱得之曰：「天道士成綺一段，後人托爲莊文，以擬道德經者。」（莊子通義）

劉須溪曰：「才看一二語，便不類前篇。」歐陽修曰：「此篇是學莊子者。」胡氏又於「夫帝王之德，以天地爲宗」（第三段首句）下云：「此下俱不似莊子。」於末段「故視而可見者，形與色也；聽而可聞者，名與聲也」下曰：「悲夫一語，不盡有態，是莊子語。」（莊

子詮詁引）

姚鼐曰：「素王十二經是漢人語，孔子藏書，亦漢人語。藏書者，謂聖人知有秦火，而預藏之。所謂藏之名山也。」（莊子章義）

唐蘭曰：「孔子西藏書於周室一章，可斷爲假。因繙十二經非孔子事，兼愛非孔子說，明亦不應稱孔子爲夫子，『偈偈乎揭仁義，若擊鼓而求亡子』之語，似襲天運。」（老聃的姓名和時代考）按：十二經釋文有三解：一爲六經加六緯，一爲易上下經，並十翼，一爲春秋十二公經。嚴靈峯以孔子時無緯書，十翼未成，而天運天下篇皆載六經，故改十二經爲六經（見其所著莊子新編）

按：素王見本篇第一段，孔子藏書，見本篇第七段。素王雖係漢人語，但此處之意義，與漢人不同，且未必用以稱孔子。兼愛猶之博愛，亦屬仁者之德，不必如墨子所云。本篇第二段乃莊子弟子記其師言，合於大宗師之意，而(1)(3)(6)(7)(8)(9)(10)諸段，俱有道家意味。

天運第十四

一、篇名釋義

陸德明曰：「以義名篇。天運，司馬作天員。爾雅云：運，徙也。廣雅云：轉也。」（莊子釋文）

郭慶藩曰：「案運員二字古通用也。越語：廣運百里。韋注曰：東西爲廣，南北爲運。西山經作廣員百里。墨子非命上篇，譬猶運鈞之上而立朝夕者也。中篇運作員。運古又讀若云，云與員通。管子戒篇，四時云下而萬物化。云即運字。說文：鴆，一名運日。劉逵吳都賦注，運日作云日，云即員也。書泰誓，雖則云然，漢書韋賢傳注作員然。詩出其東門：聊樂我員，釋文：員本作云。商頌：景員維何。鄭箋，員，古文作云。皆其證。」（莊子集釋）

馬敍倫案：「員借爲運，音同喻紐。左哀十二年傳，公會衞侯宋皇瑗於鄖。公羊鄖作運。說文䡆，讀若運，並其例證。說文曰：運，迻徙也。」（莊子義證）

阮毓崧曰：「運，轉也，不待轉而自動也。」（莊子集註）

辭源天運條下注云：「⑴氣數也。齊書：若天運不與，幅巾待命，以下從使君。⑵天行旋轉也。渾天儀：天運如車轂。」

按：篇名之意，謂宇宙自然之循環運轉也。乃因首句「天其運乎」而得名。

二、全篇要旨

本篇「天其運乎」下，郭注云：「不運而自行也」。成疏：「言天稟陽氣，清浮在上，無心運行而自動。」（莊子集釋）

李衷一曰：「此篇所論天地帝王之道，貴無爲而賤有爲，重道德而輕仁義。」（南華

眞經三註大全）

陸樹芝曰：「首言天地之化，有神於運行者，人見其然而不見其所以然，帝王法之乃治成德備，稱上皇焉，故凡勉爲之而有迹者，皆不足多也。……要之不與化爲人者，自不能化人，必如天地之運，乃帝王之道也。」（莊子雪）

王夫之曰：「此篇以自然爲宗，天地之化，無非自然。勉而役者，勞己以勞天下。老子所欲絕聖棄智者，此也。」（莊子解）

三、篇章組織

(1)天其運乎……此謂上皇——天運自然，帝王宜順其道而應之。

(2)商大宰蕩問仁於莊子……是以道不渝——道德爲實，仁孝爲華，君子棄華取實。

(3)北門成問於黃帝曰……道可載而與之俱也——黃帝論至樂天樂與自然之道。

(4)孔子西遊於衞……惜乎而夫子其窮哉——評儒：不合時宜，用古人之芻狗。

(5)孔子行年五十有一……天門弗開矣——老子勸孔子不爲形迹所役而至於大道（采眞之遊）。

(6)孔子見老聃而語仁義……不若相忘於江湖——評儒：未能從根本解決問題。

(7)孔子見老聃歸三日不談……子貢蹴蹴然立不安——孔子子貢見老聃，老聃論黃帝之治天下，及三王之違反自然。

(8)孔子謂老聃曰……老子曰可丘得之矣——借老子重言，評儒家不能隨道俱化，僅得先王之陳迹而已。

四、價值研判

王叔岷曰：「唐釋湛然輔行記卷四十云：『莊子內篇，自然爲本，如云：「雨爲雲乎，雲爲雨乎，孰降施是」，皆其自然』，今本『雨爲雲乎，雲爲雨乎，孰降施是』，在外篇天運第十四，可知所據本，皆與郭本異也。」（莊子校釋）

按：此係本篇第一段，頗似莊子之言。

唐蘭作老聃的姓名和時代考，以：『孔子行年五十有一』『孔子見老聃而語仁義』『孔子見老聃歸』『孔子謂老子曰』四條，同在天運篇，亦似一人筆墨，但極可疑。因除第三條外，聃皆稱孔子爲『子』，第三條又稱子貢爲『子』，與論語時代稱『女』不合，且其『儒墨皆起』『尸居而龍見，雷聲而淵默』，乃襲在宥。第四條孔子自稱治六經，皆假之證。」

黃震曰：「六經之名，始於漢，莊子書稱六經，未盡出莊子也。」（日鈔）

姚鼐曰：「天運篇，孔子見老聃語仁義一段，所記淺於史記老子列傳語，豈莊子之文哉？孔子謂老聃治六經一段，非莊子不能爲矣。」（莊子章義）

林雲銘曰：「天運在外篇爲有數之文，但其中孔子見老聃而語仁義一段，竟爲膺手參入。此段細閱，無甚意味，且旨多背馳，詞多膚淺。中間將三皇五帝一併貶斥，試問三皇以上尚有何代聖君可以錄取者？此等大言，徒來有識者東里子伯之譏也。魚目混珠，何待指摘而後見邪？贗筆竄入，蓋乘前後皆有老聃對孔子語，下面又有風化等說。」（莊子因）

按：本篇第一段，近乎莊子之言，其他各段，皆有道家氣味。

刻意第十五

一、篇名釋義

陸德明曰：「以義名篇。司馬云：刻，削也，峻其意也；案謂削意令峻也。廣雅云：意，志也。」（莊子釋文）

宣穎曰：「峻刻其意，孤尚其行。」（南華經解）

馬敘倫曰：「刻以同音借爲勊。論語集解弟子顏剋。釋文：剋，本作亥。剋即勊之俗字，是其例證。說文曰：勊，尤劇也。」（莊子義證）

按：以今語言之，刻意者，即「特別認眞」「極意」之意。

二、全篇要旨

林希逸曰：「此篇言聖人之德，以養神守神作主，首尾却是一篇文字。中間連用六個故曰，末引野語結之。」

焦注：「此篇以刻意命題，謂刻礪其意，違世矯俗，苦節獨任，爲天下所不能爲，而

覬人從己，無異乎穿牛絡馬，失其自然。」（以上兩條，均見南華眞經三註大全）

陸樹芝曰：「此篇言聖人養神之道……蓋無爲天德也，王德全而養神之道備，即存眞之道得，故聖人也，即眞人矣。」（莊子雪）

王夫之曰：「刻意乃養生主大宗師緒餘之論，而但得其迹耳。」（莊子解）

三、篇章組織

⑴刻意尚行……壽考者之所好也——刻意之士，異俗高論，爲亢而已。

⑵若夫不刻意而高……聖人之德也——聖人不刻意而衆美無不備。

⑶故曰夫恬淡寂寞……粹之至也——論聖人之德。

⑷故曰形勞而不休……其名爲同帝——養神之道。

⑸純素之道……謂之眞人——眞人能體純素之道。

四、價值硏判

羅勉道曰：「刻意，繕性，膚淺不倫。」（南華眞經循本）

焦竑曰：「子瞻謂讓王說劍盜跖漁父四篇爲僞撰。羅勉道者又疑刻意繕性亦復膚淺，定爲二十六篇。大抵語意精麤，居然別矣。」（莊子翼）

吳汝綸曰：「吹呴呼吸三語，割取淮南精神篇文。」（莊子詮詁引）

姚鼐曰：「刻意篇乃司馬談論六家要指之類，漢人之文耳。然自有可取處……聖人之

生也天行以下，數語甚精，蓋周秦諸子之語。」（莊子章義）

胡遠濬曰：「措抱以此爲漢人文，其說近是。」（莊子詮詁）

林雲銘曰：「刻意發揮精神之理，微言玄著；但細玩其行文蹊徑，與天道篇如出一手，此則略少波瀾耳。或以膚淺疑其僞作，此明眼者之言也。」（莊子因）

王夫之曰：「刻意篇之指歸，則嗇養精神爲干越之劍，蓋亦養生家之所謂煉己鑄劍，龍吞虎吸鄙吝之教，魏伯陽張平叔葛長庚之流，以之亂生死之常，彼家之妖妄，固莊子所深鄙而不屑爲者也。」（莊子解）

羅根澤曰：「依我看，我們若不證明不是漢書藝文志之舊，則不能說它在劉向、班固以後。而且神仙家之在秦漢間，確很發達，則與其說是出於魏晉，不如說是出於秦漢爲比較妥當。」（諸子考索）

按：本篇首尾一貫，富有道家氣味，西漢以前之文也。

繕性第十六

一、篇名釋義

陸德明曰：「以義名篇。繕，治也，或云，善也。性，性本也。」（莊子釋文）

林希逸曰：「繕性，治性也。繕性以俗（學），譏當時儒墨之言性也。」（南華眞經

三註大全）

馬敘倫曰：「繕疑爲染，古讀日歸泥，讀禪歸定，同舌音也。說文曰，染，以繒染爲色，或借爲飾，與善借爲飾同。」（莊子義證）

辭源繕性條下注云：「莊子有繕性篇，謂善養其性也。謝靈運登永嘉綠嶂山詩，恬如旣已交，繕性自此出。」

按：本篇因首句「繕性於俗……」云云而得其名。

二、全篇要旨

林希逸曰：「此篇亦是一片文字，逅逅說下，以恬養知，是其主意……議論極醇無疵。」

褚注：「是篇主意，謂人無超逸絕塵之見，而苟徇世緣，漸失其本，皆繕性滑欲於俗者也。」（上二條，見南華眞經三註大全）

王夫之曰：「繕性與刻意之旨略同，其言恬知交養，爲有合乎莊子之指，而語多雜亂，前後不相侔。」（莊子解）

陸樹芝曰：「此篇言人性本無爲而自然，以後起之知識自治，則失其性，以爲天下，則天下皆失其性。此古之天下所以至一，後世之天下所以惑亂也。」（莊子雪）

宣穎曰：「此與孟子所性分定，大行不加，窮居不損意同。」（南華經解）

三、篇章組織

⑴繕性於俗……冒則物必失其性也——論道德仁義禮樂，申言以一偏之禮樂強人行之之非。

⑵古之人在混芒之中……世與道交相喪矣——歷代道德淪喪之情形。

⑶道之人何由興乎世……此存身之道也——古之隱士，不得時命，故深根寧寂而待。

⑷古之存身者……謂之倒置之民——善養生者，不喪己於物不失性於俗。

四、價值研判

林雲銘曰：「繕性以恬與知二字作骨，數段遞遞說下，立論甚醇，華實並茂，且別有一種秀色，令人賞心不置。然細加尋繹，覺未免有訓詁氣，殊非南華筆也。」（莊子因）

王夫之曰：「繕性與刻意之旨略同，其言恬知交養，爲有合乎莊生之旨，而語多雜亂，前後不相侔……蓋不得志於時者之所假托也。」（莊子解）

按：本篇非南華之筆，乃莊子後學申論道術之言也，極富道家意味。

秋水第十七

一、篇名釋義

陸德明曰：「借物名篇。秋水，李云：水生於春，壯於秋。白虎通云：水，準也。」

（莊子音義）

成玄英曰：「素秋陰炁猛盛，多致霖雨，故秋時而水至也。」（莊子疏）

辭源秋水條下注云：「莊子篇名，借水以明物量之無窮也。」

按：本篇因首句「秋水時至」而得名。

二、全篇要旨

陸樹芝曰：「此篇明因其自然，乃道之至大者，以『無以人滅天』句爲主。首借河海爲喻，見五帝三王之道，猶其小者，而道之大者，不在形器，非可言詮，難得其倪，似無可爲矣，而惟無爲，則以人合天，乃所以反其眞，而爲道之大宗也。」（莊子雪）

胡遠濬曰：「此與齊物論篇相發。」（莊子詮詁）

王夫之曰：「此篇因逍遙遊齊物論而衍之。」（莊子解）

三、篇章組織

(1)秋水時至百川灌河……吾長見笑於大方之家——河伯未見海若，頗爲自大；既見海若，而自以爲小。

(2)北海若曰井鼃不可以語於海……向之自多於水乎——海若猶不自以爲大。

(3)河伯曰然則吾大天地而小毫末……足以窮至大之域——齊一萬物，不可以大天地而小毫末。

(4)河伯曰世之議者……約分之至也——論至大至小之不可言傳，兼論處世之道。

(5)河伯曰若物之外若物之內……貴賤之門小大之家——論大小貴賤，皆屬相對，不可執一。

(6)河伯曰然則我何爲乎……夫固將自化——處世態度：應順乎自然，泯除多少貴賤之執著，包容萬物。

(7)河伯曰然則何貴於道邪……反要而語極——至德之人，物莫能傷。

(8)曰何謂天何謂人……是謂反其眞——論天（自然）與人（人爲），並以牛馬爲喻。

——河伯與海若之對話，至此而終。

(9)夔憐蚿蚿憐風……唯聖人能之——夔蚿蛇風皆各任自然，不必別有所憐（羨慕）也。勿以人滅天。

(10)孔子遊於匡……請辭而退——以孔子困於宋人之事，證順天知命故無懼。

(11)公孫龍問於魏牟曰……乃逸而走——記公孫龍魏牟事，非難名家。

(12)莊子釣於濮水……吾將曳尾於塗中——莊子不爲功名而失其天眞。（寧爲生龜於泥中，不爲死龜於廟堂。）

(13)惠子相梁……以子之梁國而嚇我邪——惠施爭相。

(14)莊子與惠子遊於濠梁之上……我知之濠上也——莊子知魚樂。（反歸天眞，能與物同樂。）

四、價值研判

大體而論，本篇近乎莊子齊物論之言，甚爲可信，故王叔岷曰：

「如荀子正論篇云：『語曰，坎井之鼃，不可與語東海之樂』，比即引莊子外篇秋水之文也。荀子去莊未遠，則秋水雖在今本外篇，而爲莊子所作，自可無疑。」（王叔岷莊子校釋序）

然有可疑者，如姚鼐所云：「秋水篇公孫龍與莊子時不相及，此其弟子所記耳。腐鼠一段，記此語者，莊生弟子之徒之陋也。『是故大人之行，不出乎害人』，以至『戮恥不足以爲辱』一段，語意極害教，然非莊子文也。蓋所謂其子必且行刼者也。又之噲與莊子同時，必不曰昔者。」（莊子章義）

林雲銘亦云：「秋水篇大意自內篇齊物論脫化出來，立解創闢，既踞絕頂山巔，運詞變幻，復擅天然神斧，此千古有數文字，開後人無數法門。但其中孔子遊匡、公孫龍問魏牟二段，意頗淺膚，疑爲贗作。遊匡二段，『諱窮求通』等語，以擬聖人之言，恐覺不似；且筆頗平庸，非莊所作。公孫龍一段無甚深旨，莊叟亦無貶人自譽至此，恐後人贗筆。」（莊子因）

胡文英曰：「秋水篇遊匡一段，筆力柔弱，似家語孔叢光景。魏牟一段，亦因河伯問答之意而類記之。公子牟口中寫照，純是札實本領，著實境界，局外人那得窺其閫奧。惠子相梁一段，莊子於惠子最厚，既不宜有此種相疑情事，而腐鼠之喻，亦大覺刻薄露相，疑爲膺手所竄。」（莊子獨見）

莊萬壽曰：「至若公孫龍問魏牟一章，亦後人之筆，蓋莊子未及見公孫龍也。末三章稱莊惠曰子，亦弟子所作也。」（莊子學述）

按：諸家所疑者，爲第(4)(10)(11)(13)諸段。但第(4)段以害教爲理由，則不能成立。何則？此處之言，所害爲何教？豈非儒家之教耶？然則莊子泯是非、外死生之言，豈不更爲害教？何得據此而疑之。至其他各段，或言順天知命之理，或記非難名家之事，或則明出乎莊周之弟子，皆爲足資參考之重要資料。

至樂第十八

一、篇名釋義

陸德明曰：「以義名篇。至，極也。樂，歡也。」（莊子音義）

郭象曰：「忘歡而後樂足，樂足而後身存。將以爲有樂耶？而至樂無歡；將以爲無樂耶？而身以存而無憂。」（莊子注）

成玄英曰：「言寰宇之中，頗有至極歡樂，可以養身活命者，無有耶？」（莊子疏）

阮毓崧曰：「至樂活身似並言之，實則樂至而身自能存也。」（莊子集註）

按：本篇以篇首「天下有至樂」一語而得名。至樂者，極大之快樂。

二、全篇要旨

林希逸曰：「此篇教人抉擇至樂活身之術，皆以無爲而存。將個無字，推到本始。論及人物之生死變化，察本其無，而同出入於一機……一味順其自然，然後在我者，長樂而長存也。」（南華眞經三註大全）

陸樹芝曰：「此篇言至樂在於無爲，而世俗所樂之富貴壽善，皆身之累也。不寧唯是，有生皆累也……要而言之，人之所以不能無存者，大都由悅生惡死之情，不能盡除耳。」（莊子雪）

胡遠濬曰：「與大宗師同旨，而詞閒涉詭激，讀者當不以辭害意。」（莊子詮詁）

按：言脫離物累，與道冥合，乃能謂之至樂也。

三、篇章組織

(1)天下有至樂無有哉……果不樂耶——世俗之富貴壽善，並非至樂。

(2)吾觀夫俗之所樂……孰能得無爲哉——至樂應無心，而無所作爲，如天地無爲而化生萬物。

(3)莊子妻死惠子弔之……故止也——生死變化，有如四季之更迭，無可悲者。

(4)支離叔與滑介叔……我又何惡焉——滑介叔觀化順命。

(5)莊子之楚見空髑髏……而復爲人間之勞乎——藉髑髏之言，以明死非不樂，笑世人貪生畏死之愚。

——以上三段(3)(4)(5)，及下(7)段，皆言勸破生死。

(6)顏淵東之齊孔子有憂色……是之謂條達而福持——道理之用，因時因地而有所不同，不可執一不變。魯侯以己養養鳥，養形不如適性。

(7)列子行食於道……予果歡乎——列子疑百歲髑髏之果憂。

(8)種有幾得水則爲㡭……皆入於機——萬物變化論：輪廻循環。

四、價値硏判

林雲銘曰：「至樂篇鼓盆、支離叔、空髑髏、百歲髑髏四段，理解精闢，得未曾有，可上擬大宗師篇內子祀子桑戶孟孫才三段，但議論稍遜耳。細玩應入秋水篇中，以爲生而不悅死而不禍樣子。疑散佚之後，好事者遂撰出此篇首段，因而攙掇其中。此猶可置勿論，但忽添出顏淵東之齊一段。與上下文絕不相蒙，其文之庸弱不堪，醜態備見，爲可憾耳。彼贗作者，不覺自欺欺人。」（莊子因）

胡文英曰：「至樂篇顏淵東之齊一段，筆意平庸，贗作也。」（莊子獨見）

羅根澤以爲「無爲」及「無爲而無不爲」爲老子之重要主張，莊子內篇鮮言之，至樂

篇則暢論之，是知爲老子派而非莊子派所作。（諸子考索）

王夫之曰：「至樂之旨，以死爲大樂，蓋異端偏劣之教，莊子不屑此。莊子曰：『奚暇悅生而惡死』，言無暇也，非以生爲不可悅，死爲不可惡，尤非以悅生惡死爲宗，哀樂不入其中，彼固有所存在也。此篇以死爲大樂，蓋學老莊掠其膚說生狂燥之心者，所假托也，文亦庸沓無生氣。」（莊子解）

按：林胡二家所疑者，爲第(6)段。此段以寓言見理，雖非莊子所作，然而仍屬莊子後學論道之言也。

達生第十九

一、篇名釋義

陸德明曰：「以義名篇。達，暢也，通也。廣雅云，生，出也。」（莊子音義）

按：達生之意，在暢通其生之情。此篇以首句「達生之情者」而得名。

二、全篇要旨

陸樹芝曰：「此篇言養生者，必神完而與天爲一，乃能全其生也，以首段『形全精復與天爲一』二句爲主……至人之逍遙無事，庶動以天，而神乃完耳。」（莊子雪）

蘇洵曰：「總是要完其精神。」（莊子詮詁引）

歸有光曰：「與養生主篇相發。」（南華眞經評註）

三、篇章組織

(1)達生之情者……精而又精反以相天——養形不如存生，存生莫如棄世，棄世近道。

(2)子列子問關尹曰……民幾乎以其眞——聖人藏於天，其神全，物莫能入，莫能傷。

(3)仲尼適楚，出於林中……其痀僂丈人之謂乎——痀僂累丸，用志不分，乃凝於神。

(4)顏淵問仲尼曰……凡外重者內拙——善泳者與沒人忘水，故能操舟；反之，凡外重者則必內拙。

(5)田開之見周威公……皆不鞭其後者也——養生宜內外並重。

(6)仲尼曰無入而藏……戒者之過也——養生在飲食得宜（節制）。

(7)祝宗人玄端以臨牢筴說彘曰……所異彘者何也——人自謀不如爲彘謀（逐物喪生）。

(8)桓公田於澤……不知病之去也——管仲患鬼（不明則憂來累生，達理則患去性得）。

(9)紀渻子爲王養鬭雞……反走矣——養雞以至於全者猶無敵，況自全者乎？

(10)孔子觀於呂梁……命也——丈夫善泳，從水之道。以喻順天安性隨命，則天下無難。

(11)梓慶削木爲鐻……所以疑神者其是與——順其性則工巧若神。

(12)東野稷以御見莊公……故曰敗——過耗則敗，無物不然。

⒀工倕旋而蓋規矩……忘適之適也——工倕之技。忘是忘非，心之適也。

⒁有孫休者踵門而詫……子往矣——孫休怨命。

⒂孫子出扁子入坐……又惡能無驚乎哉——等閒之民，不可以語至道。

——⒁⒂兩段爲一章。

四、價值研判

王夫之曰：「達生於諸外篇尤爲深至，于養生主，大宗師之說，獨得其要歸，文詞深邃，足達微玄。雖或不出莊子之手，要得莊子之眞者所述也。」（莊子解）

嚴靈峯曰：「達生全篇，除首段文字純爲說理外，自『子列子問關尹』章以下皆故事、寓言，且見列子書。考列子目錄，楊朱第七注：『一曰「達生」。』疑編莊子者誤將列子『達生』一篇混入莊子書也。」（莊子章句新編）

姚際恆曰：「實列子用莊子也。莊子之書，洸洋自恣，獨有千古，豈蹈襲人作者？其文舒徐曼衍中仍寓拗折奇變，不可方物，列子則明媚近人，氣脈降矣。」（古今僞書考）

按：王氏之說，甚爲近理，本篇無可疑者，實申養生主大宗師之說，至少亦爲莊子弟子所作。

山木第二十

一、篇名釋義

陸德明曰：「舉事以名篇。釋名云：山，產也，產生物也。說文云：山，宣也。謂能宣散氣，生萬物也。釋名云，木，冒也，冒地而生也。字林云，木，衆樹之總名。白虎通云：木，踊也。」（莊子音義）

按：山木者，山中之大木也。此篇以首句「莊子行山中見大木」而得名。

二、全篇要旨

林希逸曰：「此篇所論全身免患之道，最爲詳悉，正好與內篇人間世參看，其要只在虛己順時，而去其自賢之心。」

焦注：「此篇以山木立題，即大樗、櫟社之義。」（上二條，均見南華眞經三註大全）

王夫之曰：「引人間世之旨，而雜引以明之。」（莊子解）

陸樹芝曰：「此篇言處世之道，與內篇人間世互相發。」（莊子雪）

蘇輿曰：「此亦莊徒所記，旨同於人間世，處濁避患害之術也。」（王先謙莊子集解引）

姚鼐曰：「與人間世同旨。」（莊子章義）

三、篇章組織

(1)莊子行山中見大木……其唯道德之鄉乎——大木與雁之故事：喻處世免害，須明大道。

(2)市南宜僚見魯侯……與道相輔而行——魯侯以有國爲累。

(3)君曰彼其道遠而險……世其孰能害之——虛舟不詈，虛己無憂。

(4)北宮奢爲衞靈公賦斂……而況有大塗者乎——專一樸實，用度自足。

(5)孔子圍於陳蔡之間……故不免也——老子不敢爲天下先，莊子並不敢爲天下後。

(6)昔吾聞之大成之人曰……而況人乎——全生之道，在不求功名。

(7)孔子問子桑雽曰……固不待物——林回棄璧：利合與天屬。

(8)莊子衣大布而補之……憊也夫——莊子大布之衣過魏王：處亂世，當安於貧窮。

(9)孔子窮於陳蔡之間……晏然體逝而終矣——無受天損易，無受人益難，處世須安守定分。

(10)莊子周游乎雕陵之樊……吾所以不庭也——螳螂捕蟬之故事：喻處世不當追逐外物。

(11)陽子之宋……安往而不愛哉——二妾故事：明處世行美者，須自忘其美。

四、價值研判

林雲銘曰：「山木篇精義奧旨，可當涉世韋弦。惟莊子過魏王一段，則淺夫效顰，勦襲紕繆，極易指摘。此段襲原憲貧憊之論，已屬套談；且昏上亂相等語，殊非對君口氣。比干剖心，與貧憊何涉？膺筆無疑。」（莊子因）

羅根澤曰：「莊子之處世，雖主虛已順人，而究竟是唯我中心論者，此種意思，深蘊在內篇，尤其人間世。今山木篇更鮮明的說，應當『浮游乎萬物之祖，物物而不物於物』，處處都是推衍莊生之意，而較莊子益周密詳明，所以不是莊子所作，也不是莊子無關者所作，而是莊子弟子或其後所作。」（諸子考索）

莊萬壽曰：「本篇稱莊子者，非周自作也。首章且曰：『弟子志之』，明謂弟子所志也。『莊周遊乎雕陵』，直舉周名及弟子藺且，亦當後人所作。」（莊子學述）

按：本篇多成於莊子後學之手，且多申人間世之旨，與莊子之學相去不遠，足可為吾人參會者也。

田子方第二十一

一、篇名釋義

陸德明曰：「以人名篇。田子方，李云：魏文侯師也，名無擇。」（莊子音義）

成玄英曰：「姓田名無擇，字子方，魏之賢人也，文侯師也。文侯是畢萬七世孫，武侯之父也，姓谿名工，亦魏之賢人。」（莊子疏）

郭慶藩曰：「無擇當作無斁，斁擇皆從睪聲，古通用字。詩大雅思齊：古之人無斁。鄭箋作無擇。說文，斁，厭也。一曰，終也。無厭則有常，故曰子方。（禮檀弓：方，常也。）」（莊子集釋）

馬敍倫據呂氏春秋當染篇所言，謂田子方學於子貢，不得爲魏文侯師。（詳見其所著莊子義證）

按：本篇以首句「田子方侍坐於魏文侯」而得名。

二、全篇要旨

陸樹芝曰：「此篇言存眞之妙，有不可以言傳者，見以辯求勝之陋也。」（莊子雪）

胡遠濬曰：「此衍老子常德不離之旨。」（莊子詮詁）

林希逸曰：「此篇多有精密之語，正好與內篇大宗師參看。」（莊子公義）

王夫之曰：「此篇以忘言爲宗，其要則齊物論照之以天者是也。」（莊子解）

羅根澤曰：「在齊物論裏說的話很含混，同時也很概括；此篇的作者，恐人對這種含混而概括的說話，不易得到具體的概念……又加分析。」（諸子考索）

三、篇章組織

(1)田子方侍坐於魏文侯……夫魏直爲我累耳——魏文侯聞至貴之道（無擇、無偏），而以人爵爲累。

(2)溫伯雪子適齊……可以容聲矣——溫伯雪子之明道，能知人心。

(3)顏淵問於仲尼曰……吾有不忘者存——貴道而賤功名。

(4)孔子見老聃……已爲道者解乎此——物之初（道），及與道同遊之樂。

(5)孔子曰夫子德配天地……吾不知天地之大全也——至人純任自然，不修而德自至。

(6)莊子見魯哀公……可謂多乎——莊子請哀公下令殺無此道而爲此服者，諷世多以假混眞。

(7)百里奚爵祿不入於心……足以動人——輕爵祿外死生之效。

(8)宋元君……眞畫者也——內足者神閒而意定。

(9)文王觀於臧……彼直以循斯須也——文王之政術：任諸侯而不自任，又能循發百姓之情。

(10)列御寇爲伯昏無人射……爾於中也殆矣夫——凝神爲一，有懼則喪。

(11)肩吾問於孫叔敖曰……旣以與人己愈有——眞人不以得失、爵祿、死生變乎己。

(12)楚王與凡君坐……而楚未始存也——外乎國家之存亡。

四、價值研判

林雲銘曰：「田子方魯哀公、宋元君、臧丈人三段，語氣不屬，立義亦淺，非南華手筆無疑。」（莊子因）

按：林氏所提者，爲⑹⑻⑼章。關於⑹章，王夫之亦曰：

「田子方稱莊子見魯哀公……相去百年之外，謬爲牽合。」（莊子通）

胡文英曰：「田子方篇魯哀公一段，解者以爲尊孔之至，固已；然論文須看筆力，如此篇之平近無奇，洵屬膺手竄入。」（莊子獨見）

唐蘭曰：「田子方孔子見老聃一章，孔子稱老聃爲先生，亦可疑。」（老聃的姓名和時代考）

按：孔子曾經問禮於老聃，此說可信。（見拙著先秦道家思想研究）是故孔子稱老聃爲先生，無可疑也。

胡遠濬曰：「夫凡之亡以下，莊子之詞。」（莊子詮詁）

許地山曰：「田子方有論儒服事，儒服問題起於戰國末及漢初。」（中國道教史）

大體言之，此篇文句，多與齊物論、養生主、德充符等篇，有相同處，而其內容，亦多申莊子之言，大抵成於晚周秦漢之間也。

知北遊第二十二

一、篇名釋義

陸德明曰：「以義名篇。」（莊子音義）

本篇「知北遊於元水之上，登隱弅之丘，而適遭无爲謂焉」下，成玄英疏曰：「此章並假立姓名，寓言明理。北是幽冥之域，水又幽昧之方。隱則深遠難知，弅則鬱可見。欲明至道元絕，顯晦無常，故寄此言以彰其義也。」（莊子疏）

阮毓崧曰：「知，識也，託爲人名，與下各地名皆寓言。」（莊子集註）

宣穎曰：「知本不足與於道者，然北者玄方，玄水者，玄境，隱弅之丘者似有而無，到此，則知較進矣。」（南華註解）

馬敍倫莊子義證本篇首句之下注曰：「陸德明曰：司馬、崔本，上作北。倫按：知下北字羨文。（意即「知北遊」，當作「知遊」。）上，當依司馬崔本作北。」

按：本篇以首句「知北遊於玄水之上」而得名。

二、全篇要旨

林希逸曰：「此篇所論道妙，斷言語，絕名相，混溟晦昧，迫出思議之表。」（南華眞經三註大全）

焦注：「是篇以知立題。知者，有爲有言之所自也。北遊則趣其本方，有還源之意。」（南華眞經三註大全）

陸樹芝曰：「此篇以知與至道，設爲兩人問答，以破曉之，可謂深切著明矣。……甚矣，知之當斷棄也。堅白同異，正挾小知以自是者也。」（莊子雪）

王夫之曰：「此篇衍自然之旨。……其說亦自大宗師來，與內篇相為發明。」（莊子解）

姚鼐曰：「與大宗師同旨。」（莊子章義）

三、篇章組織

(1)知北遊於玄水之上……以黃帝為知言——泯生死，並申知者不言，言者不知，以及知道、安道、得道之方。

(2)天地有大美而不言……可以觀於天矣——聖人法天道，無為而不作。

(3)齧缺問道乎被衣……彼何人哉——無心於物，乃獨化之方。

(4)舜問乎丞曰……又胡可得而有耶——人屬自然，身亦非己所有。

(5)孔子問於老聃曰……此其道與——老子論至道。

(6)中國有人焉……奚足以為堯桀之是非——是非壽夭相去幾何？

(7)果蓏有理……王之所起也——聖人循自然之理。

(8)人生天地之間……乃大歸乎——人生短暫，死為解脫。

(9)不形之形形之不形……此之謂大得——論道及知者不言。

(10)東郭子問於莊子曰……彼為積散非積散也——道無乎不在，與萬物無涯際。

(11)妸荷甘與神農同學於老龍吉……所以論道而非道也——道本不在言，明道之無名也。

⑿於是泰清問乎無窮曰……不游乎太虛——道不可聞不可見不可言不可聞。

⒀光曜問乎無有……何從至此哉——無無之境，高於無有之境。

⒁大馬之捶鉤者……物孰不資焉——萬物並自物物者生出。

⒂冉求問於仲尼曰……亦乃取於是者也——聖人法天，愛人無己。

⒃顏淵問乎仲尼曰……齊知之所知則淺矣——聖人之於物也，不迎不將，以心使形，外化而內不化。

四、價值研判

唐蘭以爲，本篇孔子問於老聃曰，雖無假之確證，但天道、天運、田子方、及本篇，共有七條，對孔子皆不稱仲尼而稱孔子，可見皆相差無幾之時代之作品。（見老聃的姓名及時代考）

羅根澤，以本篇與庚桑楚篇皆老子派所作；其所舉之理由，略述如下：⑴老子書後人名之曰「道德經」，道德二字，頗能符老子之名，而二篇亦皆言道德二字。⑵莊子內篇無賢字，對「知」亦不甚反對，此二篇與老子皆反對賢知。⑶「故曰」多引老子書。⑷先秦只有老子以嬰兒爲理想人物，庚桑楚亦引之。⑸先秦各家鮮論「有」「無」，獨老子爲多，此二篇亦然。⑹庚桑楚篇首，庚桑楚偏得老聃之道，是此篇爲老子一派後學所作。⑺二篇

有莊子派思想，乃是老子一派後學吸收莊子之說。⑻二篇聖人觀與老子同。⑼已受莊子影響，故爲戰國末期作品。（諸子考索）

按：本篇之作，在戰國末期。羅氏認係老子派學者所作，則未盡然。何以故？蓋莊子思想，本有與老子相近者，頗難斷然畫分。但其受老子思想之影響，則不容否認也。

第六章　分篇討論——雜篇部份

庚桑楚第二十三

一、篇名釋義

陸德明曰：「以人名篇，本或作庚桑（楚）。盧文弨曰，今本有楚字。」（莊子音義）

成玄英曰：「姓庚桑名楚，老君之弟子，蓋隱者也。老君大聖，弟子極多，門人之中，庚桑楚最勝。」（莊子疏）

焦注：「庚桑之於老子，具體而微；然其未至者，猶有所立，卓爾。居畏累，而民稱之。」（南華眞經三註大全）

陸樹芝曰：「庚桑楚，於外形骸絕聖棄知以上，無以化南榮趎，老子乃以無爲而無不爲之道告之。」（莊子雪）

阮毓崧曰：「司馬云：楚名，庚桑姓也，太史公書作亢桑，案庚古古郎切，讀若岡，與亢音同，列子仲尼篇老聃之弟子，有亢倉子。殷氏釋文，亢倉音庚桑。」（阮毓崧莊子集註）

郭慶藩曰：「史記老莊列傳索隱引司馬云：庚桑楚人姓名，與釋文小異。」（莊子集註）

兪樾曰：「列子仲尼篇老聃之弟子，有亢倉子者。張湛注：音庚桑。賈逵姓氏英覽云：吳郡有庚桑姓稱，爲七族，然則庚桑子吳人歟？」

按：本篇蓋因首句「老聃之役，有庚桑楚者」而得名。史記老莊申韓列傳云：「畏累虛、亢桑子之屬，皆空語無事實。」亢桑子，即是庚桑楚，蓋莊子虛構之人物。

二、全篇要旨

「此篇寄庚桑楚以明至人之德，衞生之經，若槁木無情，死灰無心，禍福不至，惡有人災？然莊子雜篇庚桑楚已下，皆空設言語，無有實事也。」（史記正義）

胡遠濬曰：「此與逍遙遊篇相發。」（莊子詮詁）

按：本篇以庚桑楚與南榮趎之言談爲主旨，其言頗抨擊儒家。語調憤慨，極似胠篋。賢能政治爲儒家之理想，此亦駁之，不遺餘力。此外之散章，有解老者，有申莊者，不可一概而論。

三、篇章組織

(1)老聃之役……吾是以不釋於老聃之言——畏壘之民欲尸祝庚桑楚，楚不懌。

(2)弟子曰不然……其必有人與人相食者也——弟子勸其接受，庚桑楚辯其不可。

(3)南榮趎蹴然正坐曰……胡不南見老子——庚桑楚與南榮趎之辯論。

(4)南榮趎贏糧……而无由入可憐哉——南榮趎初見老子。

(5)南榮趎請入就舍……是謂衞生之經已——老子語以「衞生之經」。

(6)曰然則是至乎……惡有人哉也——老子言身若槁木心若死灰。

——(1)至(6)爲整段故事。

(7)宇泰定者……謂之天子——天子天民，皆無爲泰然而得之。

(8)學者學其所不能學也……天鈞敗之——諷時學者談士之不知止。

(9)備物以將形……每更爲失——心通至道者，災患不足以亂其精神。

(10)爲不善乎顯明之中……然後能獨行——天網恢恢。

(11)券內者行乎無名……猶之魁然——務內與務外。

(12)與物窮者物入焉……則使之也——與物終始者，陰陽莫能賊焉。

(13)道通其分也……以有形者象無形者而定矣——萬有本乎道。

(14)出無本入無竅……著封也非一也——論道。

(15)有生黬也……至信辟金——論分辯是非強人從我之不當。

(16)徹志之勃解心之謬……无爲而无不爲也——修道在去累達塞。

(17)道者德之欽也……猶睨也——論道、德、生、性、爲、僞、知、謨。

(18)動不得已……實相順也——德與治之定義，名相反實相順。

(19)羿工乎中微……而況吾天乎人乎——聖人任天，順性而行。

(20)一雀適羿……而可得者无有也——以威御世得者蓋寡，恃惠要物至者必衆。

(21)介者移畫……惟同乎天和者爲然——外非譽、死生、敬侮。

(22)出怒不怒……聖人之道——無爲與有爲：有爲乃不得已。

四、價值研判

林雲銘曰：「庚桑楚篇意實貫珠，又頗艱澀破碎，卒然讀之，蒙然而已。其中精粹之語，殊不可及。後人疑其非莊叟之言，恐亦非定論也。」（莊子因）

王叔岷曰：「又如韓非子難三篇云：「故宋人語曰，一雀過羿，羿必得之，則羿誣矣，以天下爲之羅，則雀不失矣」，此卽引莊子雜篇庚桑楚之文也。（莊子卽宋人）韓非子去莊子亦未遠，則庚桑楚雖在今本雜篇，而爲莊子所作，亦無可疑。」（莊子校釋序）

日本津田左右吉云：「此篇列擧仁義禮智信，乃用漢代儒家的五端說。」（儒道兩家關係論）

莊萬壽曰：「疑此章（一至六段）於秦漢之際，爲老子派學者所作。（如羅根澤言）……此禮義智仁信者，或係秦漢儒者（多兼方士，見郭湛波中國中古思想史第八章）之言，而爲道家學者所引用，故作『故曰』二字，蓋亦有所本也。」（莊子學述）

唐蘭曰：「庚桑楚老子之役有庚桑楚者一章亦僞，因老子不應稱南楚越爲子。老子之語，有『規規然若喪父母揭竿而求諸海』，與天運天道語略同。『衞生之經能抱一乎』全

襲道德經，而稍變其詞。」（老聃的姓名和時代考）

按：林王二家認爲本篇係莊子所作。莊、唐、津田三氏則發其疑竇。就思想而論，本篇仍不失道家氣味。至仁義禮智信，五常之說，是否起於董仲舒，則尚難斷定。但陰陽家者流，好以五行配合萬物，則此篇之作，或係秦漢之際，受儒家陰陽家影響之道家學者所著。

徐无鬼第二十四

一、篇名釋義

陸德明曰：「以人名篇。徐無鬼緡山人，魏之隱士也。司馬本作緡山人徐无鬼。」（莊子音義）

按：本篇以首句「除无鬼因女商見魏武侯」而得名。

二、全篇要旨

陸樹芝曰：「此篇亦發明絕聖去知無爲而無不爲之旨，郭象但取首三字名篇耳。」（莊子雪）

胡遠濬曰：「此衍老氏上德不德之旨。」（莊子詮詁）

三、篇章組織

(1)徐无鬼因女商見魏武侯……嘗欸吾君之側乎——徐无鬼見武侯，其言合君之性，武侯大悅。

(2)徐无鬼見武侯……君將惡乎用夫偃兵哉——愛民，害民之始；爲義偃兵，造兵之本。

(3)黃帝將見大隗乎具茨之山……稱天師而退——爲天下之術在放任，去其害民者而已。(以牧馬爲喻，去其害民者)

(4)知士无思慮之變……終身不反悲夫——悲逐外物而失情性者。

(5)莊子曰射者非前期而中……而足以造於怨也——評名家之各是其是。

(6)莊子送葬過惠子之墓……吾无與言之矣——莊子傷惠施之死。

(7)管仲有病……則隰朋可——鮑叔太潔，不能容人，不可；隰朋上忘而下不畔，賢而下人，可使爲政。

(8)吳王浮於江……三年而國人稱之——巧狙見射：喻處世不可伐巧恃捷，以色驕人。

(9)南伯子綦隱几而坐……其後而日遠矣——南伯子綦如槁木死灰，衆心盡去，渾忘一切。

(10)仲尼之楚……休乎知之所不知至矣——論不言之言。

(11)道之所以一者……大人之誠——知識辯論不能爲大。

⑿子綦有八子……然身食肉而終——富貴非福。

⒀齧缺遇許由曰……夫唯外乎賢者知之矣——堯政不良：其一，仁義行，將無誠。其二，一人制斷。

⒁有暖姝有濡需者……於羊棄意——戒暖姝、濡需、卷婁。暖姝，自足之意；濡需，偷安於一時之利；卷婁，行為特殊，得人衆之親附。

⒂以目視目……其變也循——耳目心不外發。

⒃古之眞人……古之眞人——以天待人，不以人亂天。

⒄得之也生……何可勝言——物各有用，應視時所宜。

⒅句踐也以甲楯三千……大定持之——自然生物各有所用，用之過份則竭。故眞知之人，當行迷知反，歸於大道。

⒆盡有天循有照……是尚大不惑——一切疑惑困難，解決之方，惟有照之以天。

四、價值研判

林雲銘曰：「此篇前半詮理精密，練詞古雅，後半變幻斷續，不可捉摸，文境之奇盡於此矣。」（莊子因）

羅根澤曰：「徐无鬼與列禦寇兩篇文字，反復循讀，找不出它的中心思想，好像是滙合道家言與道家故事而成。」（諸子考索）

蔣復璁曰：「本篇云『仲尼之楚，楚王觴之，孫叔敖執爵，市南宜僚受酒』；按叔敖相楚，孔子尚未生。宜僚亦未嘗仕楚。」（莊子考辨）

莊萬壽曰：「徐无鬼見魏武侯一章，所謂『偃兵』『殺人之士民，兼人之土地』疑係戰國末季所作。莊子與惠子論射，及莊子過惠子之墓二章，既曰子，自是後人所作。隸不知何人，若爲公孫龍，則龍不及見周，亦爲後人托作。管仲有病事，未見左傳，但見於管子戒篇、呂覽貴公篇、列子說符篇及史記齊世家，疑皆本諸本章，則亦戰國末之作也。南伯子綦隱几而坐章，係衍齊物論者。仲尼之楚，孫叔敖執爵而立章，釋文曰『左傳孫叔敖是楚莊王相，孔子未生，蓋寄言也。』則亦後世僞託。句踐棲於會稽一章：『故曰：目有所適，鶴脛有所節，解之也悲』，乃本於駢拇。」（莊子學述）

按：此篇決爲莊子弟子或後人所作，皆道家言也。其中有近老者，有近莊者，亦有近乎法家權謀之變者。

則陽第二十五

一、篇名釋義

司馬彪曰：「名則陽字彭陽也。一云姓彭，名則陽，周初人也。」（釋文引）

成玄英曰：「姓彭名陽字則陽，魯人，游事諸侯，後入楚，欲事楚文王。」（莊子疏）

馬敍倫曰：「自篇首則陽游於楚，字作則，餘皆作彭陽。倫謂則爲彭字之譌也。甲文彭字有作彭字者，與則字篆文相近，遂致誤耳。」（莊子義證）

按：則陽人名也。本篇以首句「則陽遊於楚」而得名。

二、全篇要旨

陸樹芝曰：「此篇明大道不可名言，人當止其所不知，不可求之迹象，不可求之事物，必言默兩忘，乃有當於大道也。」（莊子雪）

胡遠濬曰：「此與齊物論篇相發。」（莊子詮詁）

三、篇章組織

(1)則陽游於楚……故曰待公閱休——王果言公閱休之至德。

(2)聖人達綢繆……性也——聖人德充，周盡一體，而若知若不知，無己之效也。

(3)舊國舊都望之暢然……縣衆閒者也——人戀舊邦，乃性之本然。

(4)冉相氏得其環中以隨成……若之何——冉相氏無心而合道。

(5)湯得其司御門尹登恆……无內无外——湯得賢傅，無所用心而隨成。

(6)魏瑩與田侯牟約……譬猶一吷也——蠻觸相爭。國與國人與人之相爭，何異乎是。

(7)孔子之楚……其室虛矣——孔子與隱者。

(8)長梧封人問子牢曰……內熱溲膏是也——爲政治民，勿鹵莽滅裂。治形理心，不得遁其天，離其性。

(9)柏矩學於老聃……於誰責而可乎——柏矩哭辜人：明政亂則民盡罪，其責在君。

(10)蘧伯玉行年六十……非五十九年非也——蘧伯玉六十知非。

(11)萬物有乎生……此所謂然與然乎——人知有限。

(12)仲尼問於大史大弢伯常騫狶韋……何足以識之——靈公之靈。

(13)少知問於大公調曰……无爲而无不爲——合異爲同方能見道，治國者不可落於一偏。

(14)時有終始世有變化……其不及遠矣——物之爲用，各有所宜，是謂丘里之言；丘里之言，不得爲道。

(15)少知曰四方之內……此議之所止——萬物之起，由絕對而相對，由相對而繁衍於無窮。

(16)少知曰季真之莫爲……議其有極——大道順乎自然而無爲，非有非無，不可以言傳。

四、價值研判

王夫之曰：「則陽、外物、列禦寇三篇，皆雜引博喻，理則可通，而文義不相屬，故謂之雜。」（莊子解）

陸西星曰：「此篇多有精到之語，却與內篇何異。」（南華眞經副墨）

唐蘭曰：「則陽柏矩學於老聃曰一章，眞僞皆無證。莊子見魯哀公……時代顯然是錯誤的，且丟開了不算。篇中又說蘧伯玉『行年六十而六十化』，寓言篇裏，蘧伯玉變成了孔子，到底是那個對，那是很難定的。」（老聃的姓名和年代考）

葉國慶曰：「按以莊子見魯哀公事在則陽篇誤，下面所辨則是。」（莊子研究）

羅根澤以爲此篇較有系統，乃老莊混合派所作。析之如下：

同於老子者：(1)採老聃之言以立論，如「榮辱立然後覩所病，貨財聚然後覩所爭……古之君人者，以得爲在民，以失爲在己……」(2)篇中有「無爲」「無爲而無不爲」「有名」「無名」之語，皆本諸老子。

同於莊子者：(1)「冉相氏得其環中以隨成」一段，乃莊子主張。(2)「人皆尊其知之所知，而莫知恃其知所不知而後知，可不謂大惑乎！」乃由大宗師之「知人之所爲者，以其知之所知，養其知之所不知，終其天年，而不中道夭者，是知之盛也。」推闡而來。（諸子考索）

按：一種學說，如欲確實分別其屬於何派，有時極爲困難。況莊子所學，又多承自老子。要之，本篇實非一人之所作。而其性質，有申老者，有申莊者，如是而已矣。

外物第二十六

一、篇名釋義

陸德明曰：「以義名篇。外物，王云，夫忘懷於我者，固無對於天下，然後外物無所用必焉；若乃有所執必，爲者諒亦無時而妙矣。」（莊子音義）

郭慶藩按：「文選嵇叔夜養生論注引司馬云：物，事也。忠孝，內也，外事咸不信受也。釋文闕。」（莊子集釋）

阮毓崧曰：「凡非我性分內者，皆外物也。」（莊子集註）

陸樹芝曰：「此篇言凡事之不可必者，皆外焉者也；人徒自苦耳。推無用之用。」（莊子雪）

胡遠濬曰：「此卽跰拇篇自得之旨。」（莊子詮詁）

二、全篇要旨

按：本篇要旨，在諷刺世人之逐外物而不知反。故凡泥於小術，執著載籍、爭名奪利、耽於談辯者，皆屬違反自然，而徒來傷身損性之譏也。

三、篇章組織

(1)外物不可必……於是乎有僨然而道盡——外物變化莫定，依循外物，則必傷身損性。

(2)莊周家貧……索我於枯魚之肆——莊周家貧，貸粟於監河侯事。

(3)任公子爲大鉤巨緇……其不可與經於世亦遠矣——任公子釣魚。以小鉤不能得大魚，喻小才方術不能得大道。

(4)儒以詩書發冢……無傷口中珠——諷儒行之卑鄙。

(5)老萊子之弟子出薪……其載焉終矜爾——諷儒處世好名而而有自矜之心。

(6)宋元君夜半而夢……與能言者處也——宋元君殺龜以卜，喻人處世，須去小知而大知明。

(7)惠子謂莊子曰……無用之爲用亦明矣——莊子與惠施辯，言無用之用，以地爲喻。

(8)莊子曰人有能遊且得不遊乎……而不知其然——逐外物與泠然棄世者，皆不能如有道者之無往而不自適。

(9)靜然可以補病……君子未嘗過而問焉——各靜其心，順其自然，不相過問。

(10)演門有親死者……申徒狄因以踣河——爲名而死，毫無價值。

(11)荃者所以在魚……而與之言哉——言談非道，得意可以忘言。

四、價值研判

林雲銘曰：「外物篇指出修眞實際，開後世坎離鉛汞之說，精鑿奇創，讀之惟恐其盡。但貸粟、釣魚、發冢三段，文詞既淺，意義亦乖，疑爲擬莊子攙掇其內。」（莊子因）

胡文英曰：「外物篇貸粟一段，意味平淺，非漆園手筆。釣魚一段，用筆略有起色，然亦淺薄。」（莊子獨見）

朱得之曰：「外物貸粟一段，乃後世傳聞其事而擬爲之者。發冢一段，亦非莊子時事。」（莊子通義）

本篇任公子一章，有「飾小說以干縣令」一語，羅根澤曰：「小說之名，不見先秦載籍，縣令是秦官，漢代承用之，秦國尊重法術，所以是西漢作品。」儒以詩禮發冢一章，羅氏復曰：「似是漢武帝尊重儒術，推崇五經以後的事情。」（均見諸子考索）

莊萬壽曰：「自木與木相摩則然以下，全是陰陽五行之言，疑是方士文筆。莊周貸粟一章，曰『莊周』者，非莊周自作也。儒以詩禮發冢一章，疑是秦焚書坑儒以後之作品。宋元君一章，疑是錯簡，爲田子方篇以前者所移來。惠子謂莊子一章，申無用之用也，疑爲莊子後學所作。」（莊子學述）

按：諸家所疑者，爲本篇第(2)(3)(4)章，然證據亦未見若何充分。

寓言第二十七

一、篇名釋義

陸德明曰：「以義名篇。寓，寄也。以人不信己，故托之他人，十言而九見信也。」（莊子音義）

郭象注：「寓言十九」下曰：「寄之他人，則十言而九見信。」（莊子注）

成玄英曰：「寓，寄也。世人遇迷，妄爲猜忌，聞道己說，則起嫌疑，寄之他人，則十言而九信矣。故鴻蒙雲將肩吾連叔之類皆寓言耳。」（莊子疏）

阮毓崧曰：「寓，寄也，意在此而言寄於彼也。宣云，寄寓之言，十居其九。」（莊子集註）

馬敍倫曰：「寓借爲托。」（莊子義證）

按：本篇以首句「寓言十九重言十七……」而得名。寓言者，有寓意之言，寄托之言也。藉外事而論此事，言在此而意在彼，用以廣人之意者也。

二、全篇要旨

「寓，寄也。故別錄云：又作人姓名，使相與語，是寄辭於其人，故莊子有寓言篇。」（史記索隱）

陸樹芝曰：「按此篇即齊物論無有是非無有言說之旨，郭象特舉首二字名篇，非莊子自明所著之書皆寓言也。蓋謂有寓言，有重言，皆如卮之日出，有言一如無言也。」（莊子雪）

阮毓崧曰：「本篇開首四語，已隱將一部大書之作法標列於此。最後天下篇將寓言重言卮言諸說復申明之。」（莊子集註）

王夫之曰：「發明其終日言而未嘗言之旨，使人不泥其迹。此與天下篇，乃全書之序例。」（莊子詮詁引）

三、篇章組織

(1)寓言十九重言十七……和以天倪孰得其久——莊書立言之體例。

(2)萬物皆種也……天均者天倪也——物種互變。

(3)莊子謂惠子曰……吾且不得及乎彼——孔子知非。恃才以服人口，不如依德以服人心。

(4)曾子再仕而心再化……相過乎前也——窮困通達，齊一無二，不懸於心。

(5)顏成子游謂東郭子綦……若之何其有鬼邪——死生窮通無所分別。

(6)衆罔兩問於景曰……又何以有問乎——忘懷形骸，隨天機而變化。

(7)陽子居南之沛……與之爭席矣——陽子居除去自矜之心，與世無爭。

四、價值研判

王夫之曰：「此篇與天下篇乃全書之序例；古人文字，序例即列篇中，漢人猶然……列禦寇夾於二篇之中，亦古人錯綜。」（莊子解）

林雲銘曰：「此篇是全書收束，推著書之本意，與列禦寇總爲一篇，後人因攙入讓王等四篇於中，故分爲兩耳。」（莊子因）

王叔岷曰：「蘇軾莊子祠堂記，謂寓言篇末，當連列御寇篇首，今審寓言篇末『陽子居南之沛』章及列御寇篇首『列御寇之齊』章，其旨意實相含接，（道藏羅勉道南華眞經循本從蘇說，以二章相連，是也）僞列子黃帝篇襲用莊子文，正以二章相連，尙存莊書之舊，今本蓋郭氏分之也。」（莊子校釋）

唐蘭曰：「寓言陽子居南之沛一章，雖無證可明其爲僞，但十六條中，祇有此條及其他三處（在天運及庚桑楚）變老聃爲老子，究屬可疑。」（老聃的姓名和時代考）

莊萬壽曰：「寓言篇自『莊子謂惠子』以上，乃是莊子後學申論天下篇莊子學術中之『以卮言爲曼衍，以重言爲眞，以寓言爲廣』之語，出於一人之手。以下發明莊子思想，惟數事雜列，非一人之作也。」（莊子學述）

讓王第二十八

一、篇名釋義

成玄英曰：「以事名篇。」（莊子疏）

按：讓王之意，推辭人君之位，而不肯就也。

二、全篇要旨

歸有光曰：「此篇歷引薄富貴而重生，安貧賤而樂志者。」（莊子詮詁引）

褚注：「本篇載讓王高節，自堯舜許由善卷，至於王子搜，皆重道尊生，不以富貴累其心。」（南華眞經三註大全）

三、篇章組織

(1)堯以天下讓許由……可以托天下也——堯以天下讓許由、子州支父。

(2)舜讓天下於子州支伯……所以異乎俗者也——舜以天下讓子州支伯。

(3)舜以天下讓善卷……莫知其處——舜以天下讓善卷。

(4)舜以天下讓其友石戶之農……終身不反也——舜以天下讓石戶之農。

(5)大王亶父居邠……豈不惑哉——大王遷岐下，不以利亡其身。

(6)越人三世弒其君……此固越人之所欲得爲君也——王子搜不以國傷生。

(7)韓魏相與爭侵地……可謂知輕重矣——子華子以兩臂重於天下，身重於兩臂。

(8)魯君聞顏闔……豈特隨侯之重哉——顏闔不以身殉物，生重於天下。

(9)子列子窮容貌有飢色……而殺子陽——列子不受鄭子賜粟，以倘來之福必有倘來之禍。

(10)楚昭王失國……遂不受也——屠羊安貧賤，無功不受爵祿。

(11)原憲居魯環堵之室……憲不忍為也——原憲安貧，諷儒之不安現實。

(12)曾子居衛……致道者忘心矣——養志者忘形，養形者忘利，致道者忘心。

(13)孔子謂顏回……是丘之得也——顏回不適，求自足自得，精神第一。

(14)中山公子牟謂瞻子曰……可謂有其意矣——重生輕利，勿強所不能。

(15)孔子窮於陳蔡之間……而共伯得乎共首——得道之人，窮通常樂。

(16)舜以天下讓其友北人無擇……因之自投清冷之淵——北人無擇不受舜讓自沈而死。

(17)湯將伐桀……負石而自沈於廬水——卞隨瞀光不助湯不受地之清。

(18)昔周之興有士二人……此二士之節也——伯夷叔齊避周之清。

四、價值研判

劉大魁曰：「此篇（較諸盜跖、說劍、漁父各篇）尤為淺鄙膚陋。」（莊子詮詁引）

王夫之曰：「讓王稱卞隨務光惡湯而自殺，徇名輕生，乃莊子之所大哀者。蓋於陵仲子之流，忿戾之鄙夫所作，後人因莊子有却聘之事，而附入之。」（莊子解）

林雲銘曰：「自北人無擇至伯夷叔齊四段，文言辭讓而至死，是以殉名蘄高爲尙矣。考寓言篇言申徒狄因以踣河，蓋病其枯槁赴淵之行也。駢拇篇言伯夷死名，殘生傷性，與東陵無異，則漆園之意可知矣。今忽舉投淵餓死之輩，列於重生得道之後，不但非全書之旨，竟與本篇自相牴牾。一曲之士，妄竄奇說，焉有不爲識者所破！」（莊子因）

馬敘倫曰：「讓王有綴緝之迹，然其用字尙與全書相稱。」（莊子義證序）

王叔岷曰：「但審今本讓王篇，文多雜湊。孔子窮於陳蔡，及孔子謂顏回二章，實不合於讓王之旨，（魯君……子列子……楚昭王……原憲……曾子……五章亦然）則不當在讓王篇，俗本在田子方篇，或存古本之舊，亦未可知，古本卽不在田子方篇，亦不當在讓王篇。蓋今本讓王篇之文雜湊，必非古本之舊，識者自能辨之也。」（莊子校釋序）

按：王氏所提之文句，屬本篇第八至第十四章。

莊子外雜篇，多係先秦之際，所存有關莊學之資料，經後人編輯而成者，其未必盡合篇名之旨，乃理之所宜。若論語子罕篇諸章，未必盡言子罕之事也。故其爲雜湊，而不能成一整體，實不足怪，亦未得因此遽斷其僞。

北人無擇以下數章，爲求淸高之名而殞其生，王夫之、林雲銘謂其不合漆園之旨，所言甚是。內篇齊物論雖以麗姬始入晉之哭泣，喩畏死之不智（第八段），外篇至樂雖以髑髏之悅死畏生爲言（第五段），但其所重者，乃在排除世人執著生死之偏見；至棄身殉名，則與逍

遙遊無己無功無名之旨不合。或者如羅根澤所云，此數章者，乃係道家隱逸派之所記乎？（見諸子考索）

〔附〕 莊子讓王等四篇之綜合研判

莊子讓王、盜跖、說劍、漁父四篇，古今學者，多合而論之，而辨其僞。本書除於各篇分論中，列有「價值研判」外，玆特另撰一文，敍述各家對此四篇之共同意見。

盜跖、漁父兩篇之篇名，最初見於史記老莊申韓列傳：「莊子者，蒙人也，名周。周嘗爲蒙漆園吏，與梁惠王齊宣王同時。其學無所不闚，然其要本歸於老子之言。故其著書十餘萬言，大抵率寓言也。作漁父、盜跖、胠篋，以詆訾孔子之徒，以明老子之術。」（老莊申韓列傳）

至蘇東坡，則以此二篇及讓王說劍，皆後人勦入，非莊子本文。

其言曰：「按史記：莊子著書……以詆訾孔子之徒，以明老子之術，此知莊子之粗者。余以爲莊子蓋助孔子者，要不可以爲法耳。楚公子微服出亡，而門者難之，其僕揉箠而罵曰，隸也不力，門者出之。事固有倒行而逆施者，以僕爲不愛公子，則不可，以爲事公子之法，亦不可。……故莊子之言，皆實予而文不予，陽擠而陰助之。其正言蓋無幾，至於詆訾孔子，未嘗不微見其意。其論天下道術，自墨翟禽滑釐彭蒙愼到田駢關尹老聃之徒，以至於其身，皆以為一家，而孔子不與，其尊之也至矣。然予嘗疑盜跖漁父則若真詆孔子者。至於讓王說劍，皆淺陋不入於道。反復觀之，得其寓言之意，終曰：『陽子居西遊於秦，遇老子……其返也，舍者與之爭席矣。』去其讓王說劍漁父盜跖四篇，以合於列禦寇之篇曰：『列禦寇之齊，中道而返曰：『吾驚焉，吾食於十漿，而五漿先饋。』然後悟而笑曰，是固一章也。莊子之言未終，而昧者勦之以入其言。予不可以不辨。凡分章名篇，皆出於世俗，非莊子本意。」（東坡全集莊子祠堂記）

其理由，以為莊子乃助孔子者。而盜跖等四篇，非屬訾詆孔子，即淺陋不入於道。後世學者，多尊尚之。

宋濂曰：「盜跖漁父讓王說劍諸篇不類前後文，疑後人所勦入。」（諸子辨）

朱熹曰：「蘇子由古史中，論此數篇決非莊子書，乃後人截斷本文攙入，此其考據甚精密。」（古史辨引）

鄭瑗曰：「古史謂莊子讓王盜跖說劍諸篇，皆後人攙入者，今考其文字體製信然。」（井觀瑣言）

王夫之曰：「讓王以下四篇，自蘇子瞻以來，人辨其為贋作，觀其文詞，粗鄙狠戾，真所謂息以喉而出言若哇者。」（莊子解）

宣穎曰：「讓王以下四篇，敍事弱，議論冗，其文乃在新序說苑等書之下，可以溷莊子乎？」（南華經解）

胡適曰：「至於讓王說劍盜跖漁父諸篇，文筆極劣，全屬假託。」（中國哲學史大綱）

兒島獻吉郎曰：「至於漁父篇及盜跖篇，罵倒孔子者，固西漢以後尚老莊者所假託，決非莊子眞筆。」（莊子考）

然有可論者，東坡謂莊子不當訾孔，此言似可討論：

晁子止曰：「熙寧，元豐之後，學者用意過中，……以爲莊子陽訾孔子而陰尊焉，遂引而內之。殊不察其言之指歸：宗老耶？宗孔耶？既曰宗老矣，詎有陰助孔子之理也耶？……是何異開關揖盜？竊懼夫禍之過於西晉也。」（古史辨引）

但古今學者，持此說者極多：

宋邵博曰：「楊氏爲我過於義，墨氏兼愛過於仁；仁義之過，孟子尙以夷狄遇之，誅之不少貸。同時有莊子者著書，自堯舜以下無一不毀，毀孔子尤甚，詩書禮樂刑名度數舉以爲可廢。其叛道害教，非楊墨二氏比也。莊子蒙人，孟子鄒人，其地又相屬，各如不聞，如無其人，何哉？唯善學者能辨之。若曰莊子眞詆孔子者，則非止不知莊子，亦不知孟子矣。」（聞見後錄）

明王元貞曰：「子輿之右漆園，猶大成之尊柱下，其不與吾道異也奚疑？」（莊子翼序）

陸樹芝曰：「南華者，以異說掃異說，而功在六經者也……因異說之至精者而更精之，由無爲而進於無知，無知而極於不自知其無知，使拘於墟者，更無可以炫其奇，而大觀於天下，則詹詹者皆廢矣。向使莊子而不爲放言高論，無以箝異說之口，而大鑿好奇者之心，則以辨求勝者，方日出而日新，後世愛博之士，且將目不暇給，孰肯反而求之六經耶？此其所以自列於方術之內，似詆孔而宗老，實欲駕老以衞孔也。」（莊子雪）

甚者，且以莊子與老孔之學，乃三者一體：

林雲銘曰：「莊子，一種學問，與老子同而異，與孔子異而同。今人把莊子看做與老子一樣，與孔子二樣者，大過也。」（莊子雜說）

蔡毅中之歸有光南華經評註序曰：「善繪者傳其神，善書者模其意。莊子傳老氏之神，模九經之意。」又曰：「莊子者，九經之庶子，老氏之忠臣。」

近人胡遠濬亦曰：「莊子破儒家之執，故立詞不得不異，而其旨實同。盖易曰：一陰一陽之謂道。中庸曰：道並行而不悖。如中虛不著一物，然後誠實無妄。儒者就實理充周言，道家就中虛無著言。一有一無，二義固相需也。」（莊子詮詁序例）

此說實有問題。莊孟不相非，並不能證明莊子不得詆孔。且儒與道不同家，自莊子天下篇以至劉向班固皆析之綦明，此稍有常識者即可辨之，何勞多費筆墨？

下列係反對此說之意見：

姚際恒曰：「蘇氏兄弟本溺好二氏，其學不純，故爲此詖淫之辭。第蘇之疑此四篇，是也；其用意誤耳。予之疑與蘇同，而用意不同。莊之訾孔，餘尚蘊藉，此則直斥謾罵，便無意味；而文辭俚淺，令人厭觀，此其所以爲僞也。」（古今僞書考）

錢玄同以今本三十三篇之思想文章前後不一致，謂其非全屬莊作，固然。但如蘇軾疑盜跖等四篇爲僞，以其毁孔爲理由，却不能成立。劉徹定孔教爲國敎以前，孔氏雖門徒滿天下，而其地位實與墨氏平等。墨莊不贊同其見解而譏詆之，亦尋常事耳。（古史辨引）

兒島獻吉郎曰：「蘇軾謂彼爲孔子系，曰陽擠而陰助，究爲文章家舞文之常習耳，無差別之莊周安有此苦心耶？」（莊子考）

按：說甚平允。但又有人單就文辭之精粗，思想之脈絡，而疑此四篇，認其仍有問題。

沈一貫曰：「蘇子瞻謂讓王以下四篇非莊子作，今觀此四篇，文氣卑弱，視他作固已天淵，而旨趣又淺陋不倫，與莊子學問全無交涉，稍有識者，皆以爲贋，無疑矣。余嘗見唐人馬總輯諸子語爲意林，採莊子，無四篇中語，有王孫子，皆此四篇中語，乃知此四篇是王孫子非莊子，而信子瞻語有證。及憶史記莊子傳：『莊子作漁父盜跖胠篋以詆訾孔子之徒，畏累虛亢桑子之屬皆空語無事實』，又似眞出於莊子也，不可曉矣。大抵莊子善詆譏，於人無所不狎侮，不必以四篇眞贋爲莊子解嘲於仲尼之門，而仲尼亦不以此四篇傷其日月之高明；特其文字猥瑣，意見庸劣，本褚先生者流，非莊子伍，不可不辨，豈王孫子莊子門人邪？亦未闖其藩籬者矣。」（莊子通）

葉國慶認此四篇爲漢人作品，其說明曰：「四篇相從，次於雜篇之中，而篇名與雜篇不類。讓王、盜跖，全篇均是條記式的故事。讓王篇故事，多見於呂覽、淮南子、韓詩外傳。太王居邠章非取自呂覽，即取自孟子。盜跖篇『小盜者拘』諸句法與胠篋篇同。說劍漁父全篇都述一件故事，說劍文似戰國策。」（莊子研究）

陸西星云：「讓王以下數篇，眉山蘇長公以爲非莊子所作。看此老讀莊子甚仔細，其著眼處，只在語意背馳。既言不以天下之故而傷其生，何故却將赴淵枯槁之士，纘記其後？或謂葆眞則一生或重於泰山，立節則一死或輕於鴻毛。然一節一行，又非大道所取，終是不可曲解。予直謂後人竄入者，斷自舜讓北人無擇以下三條，若盜跖以下，則駁雜膚淺，尤爲易見。」（南華眞經三註大全）

方敦吉以名篇方式不同，而疑此四篇：「莊子內七篇，稱其宗旨，故各取篇名以命意。外雜篇，則概摘篇首之字爲目。此四篇既列於雜篇，而標題亦不類，並足證其爲僞也。」（南華經解引）

沈氏所謂四篇出於王孫子者，乃沈氏所見意林版本之誤。乾隆武英殿聚珍版意林，王朝梧校曰：「王孫子，書闕，諸本誤以莊子雜篇繫其下，今正之」可爲證。

諸家之疑，不爲無理。但盜跖漁父之篇名，已見太史公書，則當作何解？豈今日所見四篇之文，乃後人僞作而竄入者，非史公之舊耶？

林希夷曰：「東坡謂讓王以下四篇，非莊子所作，此見極高。四篇之中，盜跖尤甚。而太史公莊子傳，但謂作漁父盜跖胠篋以詆譏孔子之徒，略不疑其文字精粗異同，何也？豈子氏之意，且以其非詆夫子爲言，不暇及其文字乎？不然，則此書此篇在漢而後或因散佚，爲人所竄易，亦猶今列子也。」（莊子公義）

陸樹芝曰：「此四篇語實較粗，且以仲尼之語與墨翟並稱，尤乖南華之旨，蓋已錯會儒

畧二字矣。但盜跖漁父已見於史記，則由來久矣，並存而分別觀之可也。」（莊子雪）

馬其昶曰：「其讓王以下四篇，舊次列篇末前，然自蘇子瞻輩皆斷其僞。今觀之，猶信。太史公稱其作漁父盜跖以詆訾孔子之徒，以明老子之術。世所號儒者，皆託爲孔子之徒，胠篋所言不及孔子，第絀儒信老，是其義矣。若盜跖眞詆訾孔子，是殆擬爲之者，讀史公語未審耳，又烏覩所謂老子之術哉？非史公所見之舊，其爲贋，決也。因從宣穎南華經解例，退其篇目，附於後。」（莊子故序目）

馬叙倫曰：「夫今郭本篇章次第，固非舊觀，然如盜跖漁父，其名見於史記本傳，豈已佚而好事者補之邪？不然，司馬遷去周之世僅百餘年，即出僞作，亦秦漢之際所爲。」（莊子義證序）

按：此說似嫌過於大膽。何則？證據欠充，未便率爾斷言也。且史公所謂詆孔明老，蓋泛論而已，不必各篇皆詆孔而明老。胠篋詆孔兼明老也，盜跖詆孔也。而盜跖與胠篋咸態度激烈，立場相似之文字，故馬遷得並列而類舉之也。況此四篇，見仁見智，有疑之者，亦有不疑者。

譚元春曰：「讓王盜跖漁父說劍吾定其爲莊作。使非莊作，則駢拇馬蹄諸篇，亦不敢定爲莊作也。予昔評駢拇，筋驚肉緩，氣綿力薄，正與此四篇文氣不殊。且其說盡於胠篋十數行，何以復涉是篇？已而思之，曼衍縱深，峭栗華暢，文字之妙，不主一家。且莊子之奇，而至使人疑其筋驚肉緩，氣綿力薄之文，嗚呼！此莊之所以奇也。」（莊子南華眞經）

章學誠曰：「莊子讓王漁父之篇，蘇氏謂之僞托，非僞托也，爲莊氏之學者所附益爾。」（文史通義言公上）

阮毓崧曰：「本篇及下三篇自東坡以枝葉太雜指爲僞作，說者從之。惟此四篇文體雖與其餘文不甚相符，然其深微之語，固有與內篇相發者，抑又何必吹求也？」（莊子集註）

以余之見，此四篇之中，除說劍外，多有可與莊子思想相發明者，未可一概斥之爲僞也。

盜跖第二十九

一、篇名釋義

本篇曰：「孔子與柳下季爲友，柳下季之弟名曰盜跖。盜跖從卒九千人，橫行天下，侵暴諸侯，穴室樞戶，驅人牛馬，取人婦女，貪得忘親，不顧父母兄弟，不祭先祖，所過之邑，大國守城，小國入保，萬民苦之。」

陸德明曰：「以人名篇。李奇注漢書曰，跖，秦之大盜也。」（莊子釋文）

俞樾曰：「史記伯夷列傳正義又曰，跖者，黃帝時大盜之名。是跖爲何時人，竟無定說。孔子與柳下惠不同時，柳下惠與盜跖亦不同時，讀者勿以寓言爲實也。」（莊子集釋）

馬敍倫按：「史記伯夷列傳作盜蹠，音同照紐。說文摭爲拓之重文，是其例證也。

〔証蹠與跖同〕」（莊子義證）

成玄英曰：「柳下季，姓展名禽字季，食采柳下，故謂之柳下季。亦言居柳樹之下，故以爲號。展禽是魯莊公時，孔子相去百餘歲，而言友者，蓋寓言也。跖者禽之弟名也，常爲巨盜，故名盜跖。」（莊子疏）

按：盜跖之意，盜指爲大盜者，跖乃其名也。

二、全篇要旨

歸有光曰：「此篇皆言不矯行傷生，以求聲名富貴，有激之談也。」（莊子詮詁引）

按：此篇借孔子勸盜跖不可殺人爲盜，及跖大罵孔子，使孔子狼狽而逃之寓言，諷刺儒家矯僞失性，以及逐名求利者之非。

三、篇章組織

(1)孔子與柳下季爲友……幾不免虎口哉——孔子說盜跖，盜跖責孔子執持浮說，以身殉物，有非儒之意。

(2)子張問於滿苟得曰……故服其殃離其患也——子張對滿苟得問，不爲義行，不希名利，以殉其天，失其理。

(3)无足問於知和曰……不亦惑乎——知足常足，逐名利者終無所得。

四、價值研判

鄭瑗云：「如盜跖之文，非惟不類先秦文，亦不類西漢人文字，然自太史公以前卽有之，則有不可曉者。」（井觀瑣言莊子說）

林希夷曰：「讓王篇中猶有一二段，漁父篇亦有好處。盜跖篇比之說劍，又疏直矣。據盜跖篇，『今謂宰相曰。』戰國之時未有稱宰相者，此爲後人私撰明甚。」（莊子公義）

王安石曰：「莊子重言十七，以爲耆艾人而無人道者，不以先人，若盜跖可謂無人道者乎？而以之爲重言，其不然明矣。故此篇之贋，不攻自破。」（十子全書莊子引）

林雲銘曰：「寓言篇謂人而無人道，是謂之陳人。盜跖可謂有人道乎？假盜賊之口，歷詆古今聖人，是欲率天下而爲盜賊也。子張滿苟得，雖重名利，久持其說，惟無約數語，頗類駢拇秋水二篇語意，其不至背道而馳者，賴有此耳。知和譏無足之非，微爲近理，然重義輕利之旨，常人皆能道之，漆園重道而輕仁義，斷不取。」（莊子因）

陸西星曰：「盜跖篇譏侮列聖，戲劇夫子，蓋效顰莊老而失之者。莊老推原道德，絕去聖智仁義，而一繩以大道之自然，的有至理。古德喝佛罵祖爲報深恩，丹霞燒木佛以求舍利，小兒不知，強作解事，亦復效之，豈不爲天下萬世之大僇乎？予故表而出之，使魚目眞珠，不得相混。」（南華眞經三註大全）

王夫之曰：「盜跖篇謂孔子遇柳下惠，託辭不經，相去百年之外，謬爲牽合。」（莊子通）

章太炎檢論儒俠篇以此非尋常攻剽之雄所能有，殆世所謂有某主義者，而曲士乃言盜跖篇爲僞托，其亦牽於法訓，未蹈大方之門者邪？

阮毓崧案：「檢論儒俠篇謂盜跖歲年與孔子不相及，莊生所錄誠寓言，然實爲展禽之弟，在魯僖文間。」（莊子集註）

馬敘倫曰：「盜跖於孔子與柳下季爲友章，末注曰：『此篇……』與漁父篇末注曰：『此篇……』云云同例，則郭本盜跖篇固僅一章，其後子張無足兩章，蓋別爲一篇之辭，亡其篇首，遂綴於盜跖之末，既佚一篇，乃就司馬本說劍以補其亡，是象削之而後人復留之也。」（莊子義證序）

秋按：鄭瑗認盜跖之文，不類先秦及西漢人文字。以文章之體裁或形式，判定作品之時代，固不失爲一種方法，但亦未必絕對可靠。胡適作評論近人考據老子年代的方法，關於此點，即有極其嚴正之說明。

林希夷謂戰國末未有稱宰相者，亦欠明審。其實韓非子顯學篇、呂氏春秋制樂篇皆有宰相之名。

至王安石林雲銘以不合「人道」疑此篇，亦有未然。何則？「莊子蔽於天而不知人」（荀子解蔽篇）莊子之所謂人道，實亦天道而已。故仁義聖知，在莊子視之，皆爲道之渣滓，未可重也。若謂莊子不應譏侮列聖，戲劇夫子，則不免拘於儒家立場，失之主觀。

知和謂無足章，言知足常足，逐外物者終無所得，似未及「重義」之旨。

其餘有關本篇之意見，見一四五頁莊子讓王等四篇之綜合研判。

說劍第三十

一、篇名釋義

陸德明曰：「以事名篇。」（莊子音義）

按：以劍術之道爲比喻，勸人不可貪小失大。

二、全篇要旨

歸有光曰：「舉大明小，諷諫之意。」

按：本篇言趙文王喜劍，莊子以天子之劍、諸侯之劍、庶人之劍說之，勸其應好天子之劍。

三、篇章組織

(1)昔趙文王喜劍……事必大逆——趙惠文王好劍無度，太子請莊子往說之。

(2)莊子曰請治劍服……使奉劍於殿下乃召莊子——莊子以劍術見王，王乃校劍士七日，得數人以待莊子。

(3)王曰今日試使士敦劍……臣竊爲大王薄之——莊子論劍分三等：天子之劍、諸侯之劍、庶人之劍，勸王應好天子之劍。

(4)王乃牽而上殿……劍士服斃其處也——趙王拜服，劍士自殺。

四、價值研判

馬驌曰：「語近國策，非莊生本書。」（莊子之學）

林希逸曰：「說劍篇類戰國策士之雄談，意趣薄而道理疎，識者謂非莊叟所作，誠然誠然。」（南華眞經三註大全）

譚元春曰：「獨說劍眞無義類，無精魄，祇似戰國陳軫犀首輩之言，枚馬子雲輩之賦體，而掠取其粗者，吾平心察之，眞不似蒙公筆也。然則此篇膺乎？曰，何膺也，古文人奇怪不可測，正在此。吾輩著書，正如求名利人，繚意絕體而爭，安肯放些空閒地，置此嚼蠟之篇耶？」（莊子南華眞經）

沈一貫曰：「說劍一篇全無意況，人非莊子人，學非莊子學，文非莊子文。使莊子說劍，必有徐無鬼戴晉人等一段精彩，正恐其不屑爲二人事耳。此文若戰國中新習口吻，小生所爲，而以辱莊子，亦其生平口業報。」（莊子通）

馬敍倫以「郭象註莊，去其雜巧，若說劍淺陋，無涉莊旨，僞造無疑，何可存之？然象於讓王盜跖漁父三篇，祇括大旨，而說劍無注，疑郭本亦非故書。」又曰：「如說劍義既無取，辭又不倫，比駢拇馬蹄盜跖且不類，雖司馬本已有之，或非漢志之舊。」（莊子義證序）

韓愈曰：「此篇類戰國策士之雄譚，意趣薄而理道疎，識者謂非莊生所作。」（十子

全書本引）

孫夏峰曰：「戰國策士遊譚，與代說及幸臣篇相似。」（宣穎南華經解引）

王夫之曰：「說劍則戰國遊士逞舌辯以撩虎求榮之唾餘。」（莊子解）

劉汝霖曰：「說劍有趙惠文王之謚，更在莊子後。」（周秦諸子考）

按：諸家之疑，均甚有理。本篇之內容、人物、思想……無論如何，與莊子學說不生關連，乃莊子書中最可懷疑之一篇。

其餘有關本篇之意見，見一四五頁莊子讓王等四篇之綜合研判。

漁父第三十一

一、篇名釋義

陸德明曰：「以人名篇。父音甫，取魚父也。一云是范蠡。元嘉本作有漁者父，則如字。」（莊子音義）

成玄英曰：「漁父，越相范蠡也，輔佐越王勾踐平吳，事訖，乃乘扁舟游三江五湖，變易姓名，號曰漁父，即屈原所逢者也。既而汎海至齊，號曰鴟夷子，至魯，號曰白珪先生，至陶，號曰朱公，晦迹韜光，隨時變化，仍遺大夫種書云。」（莊子疏）

阮毓崧曰：「漁父猶言漁翁。」（莊子集註）

二、全篇要旨

歸有光曰：「大旨言不宜分外求世，惟守其眞而道存。」（莊子詮詁引）

三、篇章組織

(1)孔子游乎緇帷之林……不泰多事乎——漁父以天子、諸侯、大夫、庶人，當各司其事，不得離位，離位則亂。諷孔子岌岌皇皇，不安本份。

(2)且人有八疵……而始可敎已——分論八疵四患，不除則不可敎誨。

(3)孔子愀然而歎……不亦外乎——修身守眞則無累。

(4)孔子愀然曰……而晚聞大道也——精誠爲眞，禮樂爲僞；僞不足效也。

(5)孔子又再拜而起曰……吾敢不敬乎——漁父有道，夫子恭送。

四、價值研判

孫覺曰：「此篇較盜跖說劍諸篇頗勝。」（莊子詮詁引）

林希逸曰：「漁父篇論亦諄正，但筆力差弱於莊子，然非讀莊子熟者，亦不能辯。」（南華眞經三註大全）

朱熹曰：「蘇子由古史中論此數篇決非莊子書，乃後人截斷本文攙入，此考據甚精密。」（朱子全集）

林雲銘曰：「筆法庸弱，與上三篇如出一手，然非深於莊子者，亦不能辨，惜哉太史

公亦爲所欺也。」（莊子因）

羅根澤曰：「漁父篇與讓王篇同在表現着隱逸味道，疑其時代略相等。而且漁父的故事，大都產生於秦末漢初……這雖不能算一個證據，但也可算是一個暗示了。」（諸子考索）

其餘有關本篇之意見，見一四五頁莊子讓王等四篇之綜合研判。

列御寇第三十二

一、篇名釋義

陸德明曰：「以人名篇，或無列字。」

阮毓崧曰：「御本亦作禦。」（莊子集註）

辭源列禦寇條下注云：「戰國鄭人，與莊周同時，其學本於黃帝老子，有列子一書，多寓言，舊本題爲其所撰也。」

按：本篇以首句「列御寇之齊」而得名。

二、全篇要旨

胡遠濬曰：「此篇與養生主篇相發。」（莊子詮詁）

王夫之曰：「此篇之旨，大率以內解爲主，以葆光不外炫爲實，以去明而養神爲要，

蓋莊子之緒言也。」（莊子解）

三、篇章組織

(1)列御寇之齊……虛而遨游者也——列子懼人將畀之以事而效之以功，有貴己之意。

(2)鄭人緩也……古者謂之遁天之刑——儒墨失性，皆得道之一端，無須爭辯，無用乎憤怒也。

(3)聖人安其所安……不安其所安——聖人與衆人之區別，在能否安其所安。

(4)莊子曰知道易……天而不人——知而不言，天而不人，莊子也。

(5)朱泙漫學屠龍……而無所用其巧——君子不貴紛藝巧術，適之而已。

(6)聖人以必不必……兵恃之則亡——執恃己見是爲亂源。

(7)小夫之知……而不知大寧——悲小夫小才之不知大道。

(8)宋人有曹商者……子行矣——笑曹商之卑己干祿。

(9)魯哀公問乎顏闔曰……不若休之難治也——孔子之教，使民離實習僞，不足取也。

(10)施於人而不忘……雖以事齒之神者弗齒——施人望報，且商賈之不齒。

(11)爲外刑者……唯眞人能之——眞人能免乎外內之刑。

(12)孔子曰凡人心險於山川……九徵至不肖人得矣——孔子論驗人之方凡九。

(13)正考父一命而傴……孰協唐許——正考父謙下之德。

⒁賊莫大乎德有心……內視而敗矣——有心爲善，賊之大者。

⒂凶德有五……而吡其所不爲者也——自是而非人，乃凶德之首。

⒃窮有八極……達小命者遭——窮達之理：自恃則窮，達其命者隨。

⒄人有見宋王者……子爲齏粉夫——干君，危道也，如龍頷取珠。

⒅或聘於莊子……其可得乎——莊子不仕，願爲孤犢。

⒆莊子將死……何其偏也——莊子不欲厚葬。

⒇以不平平……不亦悲乎——言人不可意必，不可執著。

四、價值研判

林雲銘曰：「篇末載莊子將死一段，以明漆園之絕筆於此，猶春秋之獲麟，此外不容添設一字。」（莊子因）

林希逸曰：「此篇的爲莊子著述將畢之語，觀末段自見。」（南華眞經三註大全）

楊愼曰：「吾讀莊子列禦寇，至巧者勞而知者憂數語，韻調絕倫，實諸子所不及者，誰謂外篇之非眞邪？」（升庵全集讀莊子）

顧頡剛以莊子之眞僞難於明瞭，因其文字太詼俶也。但有可指者，例如列禦寇有莊子將死之語，天下篇以莊子爲百家之一而評論之，可見皆非莊子自作。（古史辨第一冊）

羅根澤所著諸子考索，認此篇爲道家雜爼。

莊萬壽曰：「本篇分十章（依胡遠濬莊子詮詁）蒐自不同來源之資料，故思想頗不一致。首章『列禦寇之齊』，又見於列子黃帝篇；章末『巧者勞而知者憂……虛而遨遊者也』五句，義不相貫，為列子所無，疑列子抄莊子時，尚無此五句，乃後人所補綴也。『聖人安其所安』及『曹商使秦』、『人有見宋王者』『或聘於莊子』『莊子將死』諸章皆謂莊子，則非周自著明矣。」（莊子學述）

天下第三十三

一、篇名釋義

辭源天下條注云：「謂世界也。舊說謂地在天之下，故稱世界為天下。又古來交通不便，不能及遠，故恆稱中國為天下。如言統一天下，即統一中國也。」

陸德明曰：「以義名篇。」（莊子音義）

二、全篇要旨

歸有光曰：「先敍道術根原，後別諸子，而莊生自為一家，末辯惠子。」（南華經評注）

三、篇章組織

(1)天下之治方術者多矣……皆原於一——道術廣博，無乎不在，而其本為一。

(2)不離於宗謂之天人……薰然慈仁謂之君子——天人神人至人聖人，皆得道之全體，而君子則得道之緒餘。

(3)以法爲分，以名爲表……時或稱而道之——道術之功甚大，其在於詩書禮樂者（緒餘），鄒魯之士，搢紳先生，多能明之。

(4)天下大亂賢聖不明……道術將爲天下裂——天下大亂，百家各得道之一端，往而不返，故道術分裂。

(5)不侈於後世不靡於萬物……才士也夫——述墨翟禽滑釐之學，後世屬墨家。

(6)不累於俗不飾於物……其行適至是而止——述宋鈃尹文之學，乃形名而兼小說家一派。

(7)公而不當易而无私……慨乎皆嘗有聞者也——述彭蒙田駢愼到之學，由道而流爲法家一派。

(8)以本爲精以物爲粗……古之博大眞人哉——述關尹老聃之學，後世屬道家。

(9)芴漠无形變化无常……未之盡者——述莊子之學，乃道家之別派。

(10)惠施多方其書五車……形與影競走也悲夫——述惠施之學，附以桓團公孫龍辯者之徒，後世屬名家。

四、價值研判

天下篇居南華之末，其主要內容係討論先秦學術之派別，而其價值，較諸太史公論六家要旨，猶為重要。何以故？梁任公之言，極中肯綮：

梁啓超曰：「批評先秦諸家學派之書，以此篇為最古……尤有兩特色。一曰保存佚說最多，如宋鈃、愼到、惠施、公孫龍等，或著作已佚，或所傳者非眞書，皆藉此篇以得窺其學說之梗概。二曰批評最精到且最公平。對各家皆能擷其要點，而於其長短不相掩處，論斷俱極平允。」（莊子天下篇釋義）

自來學者皆，認此篇為莊子之後序，亦有認其為莊書之凡例者。其與莊書其他各篇之關係，自極密切。然此篇作者，至今仍聚訟紛紜，莫衷一是，甚至有以為儒家學者所作。夫此篇既有如許重要之價值，則作者問題，豈可不加討論？

林希逸曰：「天下篇，莊子後序也。歷敍古今道術淵源所自，而以自己承之，即孟子終篇之意。末舉惠施強辯之語，而斷之以存雄而無術，闢邪崇正之意見矣。」（南華眞經三註大全）

陸西星曰：「上言關、老，此下遂以自己承之。」又：「莊叟自敍道術，乃在著書上見得，句句是實，却非他人過於夸誕者。」（南華眞經副墨）

馬驌曰：「此自序也，諸篇多寓言，而此獨為莊語。」（莊子之學）

王夫之曰：「與孟子篇末舉狂狷鄉愿之異，歷述先聖來至己淵源，及史遷序列九家之說略同。古人撰述之體然也。……或疑此篇非莊子之自作，然其浩博貫綜而微言深至，固非莊

子莫能爲也。」（莊子解）

陸樹芝曰：「天下篇，莊子自序南華所由作也。或以爲訂莊者之所爲，然非莊子不能道也。」（莊子雪）

以上數家之言，皆以天下篇爲莊子自序，乃自述其學術淵源、著書宗旨、與一己之抱負。其文辭浩博貫綜，其思想微言深至，非莊子本人莫能爲。梁啓超亦以本篇爲莊子書中之最可信者。

梁啓超曰：「古人著書，敍錄皆在全書之末，如淮南子要略、太史公自序，漢書敍傳，其顯例也，天下篇卽莊子全書之自序。……此篇文體極樸茂，與外篇中淺薄圓滑之各篇不同，故應認爲莊子書中最可信之篇。」（莊子天下篇釋義）

陳壽昌、胡文英二人，亦以文章高妙，非莊子自作，亦係得漆園之火傳者。

陳壽昌曰：「此爲南華全部後敍，上下古今，光芒萬丈，以文妙論，自是得漆園之火傳者。」（南華眞經正義）

胡文英曰：「天下篇筆力雄奮奇幻，環曲萬端，有外雜篇之所不能及者，莊叟而外，安得復有此驚天破石之才？」（莊子獨見）

然胡適博士，則認此篇非莊子所作。

「天下篇乃絕妙的後序，却決非莊子自作。餘篇殆皆由後人雜湊與僞造者。」（中國哲學史大綱）

其所持之理由，係在天下篇中，論及惠施之學，而惠施公孫龍輩，決不可能與莊子同時：

「呂氏春秋言公孫龍勸燕昭王偃兵，又與趙惠王論偃兵。說燕昭王在破齊之前，燕昭王破齊在西曆紀元前二八四至二七九年。戰國策又言信陵君破秦救趙時，龍尚在，曾勸平原君勿受封。龍在平原君門下，乃諸書所共紀，萬無可疑者，故戰國策所云似可信。據此則龍大約生於西曆前三二五年與三一五年之間，時惠施已老。龍死時，當在前二五〇年左右，此說與古來說龍年歲不大相同，龍決不能與惠施辯論，又不與莊子同時。莊子書中所記龍之語皆後人所造。莊子天下篇定係戰國末年人作。」（中國哲學史大綱）

梁啓超辯之曰：「懷疑論之最大理由，因篇中有『桓團、公孫龍，辯者之徒』一語，謂莊周與公孫龍年代不應相及。欲解決此問題，當先研究惠施、公孫龍之年代，以定莊周之年代，莊周與惠施爲友，屢見本書，可認爲確定之事實。惠施相梁惠王，惠王死時，參與喪禮，事見戰國策，實西紀前三一九年也，其後尚生存若干年，無可考；而莊周之卒又在施後，本書徐無鬼篇有『莊子送喪過惠子之墓』語可證。公孫龍爲平原君客，見戰國策呂氏春秋及史記。平原君相趙惠文王及孝成王見史紀本傳。趙惠文王以周赧王十七年即位，即以弟勝爲相，封平原君，見六國表，實西紀前二九八年，上距魏惠王之死二十一年耳。公孫龍當信陵君救趙破齊時，前二五七年尚生存，見戰國策，假令龍其年八十歲，則當梁惠王死時，龍年已三十，況施之死在惠王後，而莊周之死又在施後耶？然則莊周上與惠施爲友，而下及見公孫龍之辯，更何足怪？」（莊子天下篇釋義）

依梁任公之考證，則謂二人可以同時，胡適懷疑之說似不能成立。

吾友莊萬壽君著有「莊子學述」一書，其第一章第二節爲「莊子生卒年代考」，認爲「公孫龍與莊子不相及，與惠施更不相及，梁任公考之未確。」（詳見其原書，玆不具錄）然此足以推翻天下篇爲莊子所作之論斷乎？未也。蓋本篇惠施多方以下，論者皆認其別屬一篇。王叔岷著莊子校釋云：

「北齊書杜弼傳稱弼注莊子惠施篇，今考天下篇「惠施多方」以下一章，專論惠子之學，與上文不必相連，舊必另爲一篇，杜弼所注惠施篇，疑卽指此，或存莊書之舊，今本蓋郭氏合之也。」

葉國慶亦認「惠施多方」以下，非天下篇原文，理由如下：㈠上段述諸家學術的淵源，上頭均有古之學術有在于是者」，此段獨無，其體裁明與上段有異。細看上段諸節，初云道無乎不在，繼分敍諸家各據道之一端以爲說。各縷淸晰，而惠施多方以下文字獨異，顯非天下篇原文。㈡天下篇上半引崔音者多，下半「惠施多方」以下無一引之。又此下半篇與列子仲尼篇後半之文有相似者，（列子中引莊子文甚多），而張湛注亦不引向說。（武內義雄莊子考）是則此篇下半爲向崔所不傳，郭象從他本取附于此也。㈢此篇專論惠施之學。北齊書杜弼傳云，杜弼注莊子惠施篇，疑卽此篇也。（見其所著莊子研究）

其第三點意見，與王說同。

余亦認爲惠施多方以下，與天下篇之文不類，其補充理由如下：㈠惠施緊接莊子之下。天下篇論百家學術，最後莊子（或作者）自敍己派之所學。論畢自己，則全文已完，不當在自己之下，又夾入他家之學，以自亂次序。㈡前述各家，皆先略論其學，然後加以簡單之評論；此則前後皆有評論，而述其學於當中。㈢其他各家，皆未有詳細介紹，此則較諸關尹老聃與莊子本身，尤爲加詳焉。

莊子不與惠施同時，雖不能證明天下篇非莊子所作；第反對者仍有理由。林雲銘曰：

「天下篇爲莊子全書後序，明當日著書之意，一片呵成文字。雖以關尹老莊槪頂一曲之來，語意却有軒輊。其敍莊周一段，不與關老同一道術，則莊子另是一種學問可知。段中備極贊揚，眞所謂上無古人，下無來者，莊叟斷無毀人自譽至此，是訂莊者所作無疑。」

「列禦寇篇末載莊子將死一段，以明漆園之絕筆於此，猶春秋之獲麟，此外不容添設一字。則天下一篇不辯而知爲訂莊者之所作矣。」（均見莊子因）

蔣復璁曰：「此篇本是他人綜論百家流別之文，初與是書無與，不過於諸家道術之中，最尊莊子，世遂取入莊子書中，以爲徵驗，又以其是總論道術，而諸篇是言行雜事，無可附麗，故舉而編之篇末，如是而已。」（莊子考辨）

蔣復璁之意見，只可視之爲一種觀點，而無強有力之證據；至林雲銘之主張，則可分兩方面言：一爲篇中過份贊揚莊子，而莊子本人，必不致毀人自譽如此。其二，列禦寇篇末已云莊子將死，其後之天下篇自非莊子所作。

按：此說值得討論。彼以天下篇毀人自譽，並非事實。毀有攻擊之意。此篇於他家雖有批評，然語皆平正，謂其為「毀」，則非所知也。即其言惠施「存雄無術」，謂彭蒙、田駢、愼到「不知道」，亦僅限於「評」而已，不得謂「毀」。所謂自譽，亦甚有分寸，未必如林說「上無古人下無來者」，僅謂其深深有得於大道而已。退一步言，即使莊子自譽，亦未嘗不可。莊子之性格，本近乎「狂者」，不若老子之柔弱謙下，如何不可以自譽？若依其說，則莊子既主齊物論矣，亦不可以如諸子之著書立說；則今之南華，從何而來？其第二理由，恐亦不能成立。蓋莊子之書，本係散篇；書之編定，不必出自南華之手，而天下篇之寫作，亦不必定在全書之後也。

另外，嚴靈峯先生研究天下篇，亦有數點結論：

「㈠全篇內容與外篇、天道篇的筆調相近，與內篇思想不能盡合，斷定非莊周自作。㈡既評論莊周，則是其後之作品無疑。批評各家學說觀點內容，與荀子相近，辭語亦相彷彿，可能是荀卿晚年的作品。㈢倘非荀卿自作，必係門人或後學者得自荀卿的傳授而寫作的。」（老莊研究）

葉國慶所著莊子研究一書，提出四點理由，證明此篇非莊子所作：一、莊子齊大小，一是非，必無聖人君子等等分別之語。二、「其在於詩書禮樂者」云云，明言儒家于道所得獨厚，「其散於天下」云云，明言諸家只得道之一端，此是儒者的口氣。三、「不侈於後世」以上，爲一篇總綱，以下分敍百家，莊子爲百家之一而已，作者悲「百家往而不反」，故此篇必非莊子所作。四、莊子內篇多寓言重言，此篇全是莊語。（按：「內篇」二字，當改爲「書」。）

其結論曰：「總之，這篇乃敍述百家學說之淵源、給莊子一個學術地位；但作者却有偏愛老莊的態度。此與司馬談言六家淵源，而獨尊道家的一樣。司馬氏敢指摘儒家，此却輕輕抹過。看他『春秋以道名分』云云，好似要讚美一番，而又收住，下面乃說老聃是個博大眞人，此篇著作時代，似可於此推出。」

按：嚴、葉二氏之主張，較前述各家更爲完備且具體，但羅根澤之理由，似更充分。

羅根澤曰：「㈠先秦各家只有莊子注意哲學產生的原因，天下篇論各家道術的產生都是說：『古之道術有在於是者，某某聞其風而悅之』，然後如何如何以造成其一家之學，正同於齊物論所謂『道隱於小成，言隱於榮華。』㈡莊子哲學歸結於『一』，天下篇也說『皆原於一』，『道德不一』，正是莊子的根本意思。㈢批評某一種學說，是要客位的人才說得公允，介紹某一種學說，是要主位的人才說的眞切。荀子司馬遷之論述莊子，都不很深刻，惟有天下篇之論述莊子，却獨得要領。㈣假使是戰國末年人造出來的，對孟子荀子不應該不論述，而陰陽家的鄒衍之屬，法家的商、韓之屬，也不應當一字不提，所以它的年代不應很晚，而恰當莊子的時代。㈤懷疑此篇不是莊子作者，不外兩種理由：一謂惠施公孫龍不能相及，梁任公加以考辯，據說是可以相及，實篇中並沒有說惠、龍互辯，所以莊子只要見到公孫龍，便可以說這段話，和公孫龍不能見到惠施沒有關係，二因篇中論及莊子，由是疑心是莊子之後人所作，自己論自己，也是常有的事，如淮南子的要略。」（諸子考索）

嚴氏之第一說，可以羅氏第一、二兩項理由破之。而嚴氏第二、第三兩項推論，亦頗感於心未安，而缺乏充分之論據。且吾尚有二問：㈠天下篇既係儒家所作，爲何獨尊道家，又特別推崇道家之莊子？㈡天下篇推崇莊子之學，無所不至，以爲其「獨與天地精神往來……其於本也，宏大而辟，深閎而肆，其於宗也，可謂稠適而上遂矣」，而荀子之學，主張勘天、性惡，且於解蔽篇批判莊子「蔽於天而不知人」，更可知兩派之論點決不相容，天下篇決不可能爲荀派學者所作。

至葉氏之主張，表面視之，甚有理由，實際上仍有疑問，玆逐條駁之：㈠天下篇有聖人君子等分別，並不違背莊子思想。何則？因莊子之「聖人」與儒家之「聖人」不同。其「聖人」一詞，與天人、神人、至人同一意義，不得謂之有所分別。（成疏：以上四人，止是一耳。隨其功用，故有四名）。而「君子」一詞，則近乎儒者之流。分別聖人君子，旨在劃清兩家學術之界線。若謂莊子齊是非混同異，不當劃分界線，然則兩家之學爲一物耶？是又不然。㈡天下篇言其在詩書禮樂者云云，乃就事論事之言。儒家係「述而不作」，爲固有文化之繼承者。且詩書禮樂，在莊子視之，非道之本身，乃道之緒餘，並無尊之之意也。而本篇先列天人至人聖人神人，均以爲得道之精；末始列代表儒家之君子，其對儒家之觀念若何？了然可知。宣云：「君子是道之緒餘。」得之矣！㈢天下篇稱莊子獨與天地精神往來，而不敖倪於萬物，深得道之「宗」與道之「本」，明係得道之全，而不同於百家衆子。㈣此條理由最薄弱，有何規定，前用寓言重言，此即不得用莊語耶？

至於羅根澤之主張，吾人亦有意見。其㈠㈡點理由，未必可以證明爲莊周自作，僅足說明作者思想與莊周有密切關係而已。其㈢天下篇論莊周深刻，弟子後學皆可爲之。㈣若莊子弟子或後學所作，未必在荀、鄒、商、韓之後，即使在四人之後，亦可不必述及，外雜篇多秦漢之作，亦未提起四人，至若孟子，內篇可信之資料亦未提及。（㈢㈣據莊萬壽說）㈤關於周與施、龍之時代，無關宏旨，已論之於前。至謂「自己論自己，也是常有的事」，此言尙無問題，故天下篇可能爲莊子自作，惟非必然而已。

以上之論述，稍嫌零亂，今且爲之整理，得如下之結論：

㈠天下篇之作者，必非儒家，更非荀派學者。

㈡其思想與南華學說絕不扞格，且有極密切之關係。況其評論百家之說，列莊子於殿後；又推崇道家學術，而特重漆園，種種理由，可見本篇作者，非莊叟本人，即爲其私淑弟子。

㈢惠施多方以下，論惠子之學，不屬本篇，乃前人之所誤合者。

第七章　莊子佚篇佚文考

今本莊子，無論就篇目或內容言之，均非漢志之舊。其間多有經後人刊落，或流傳之中所亡失者。然其刊落及亡失之情形若何？典籍不存，難可詳悉。惟尚有蛛絲馬跡可供尋繹者，余亦不敢沒，爰爲之考證如次：

一、莊子佚篇考

漢志莊子五十二篇，今本莊子三十三篇而已。二者相校，尚缺一十九篇。陸德明曰：「漢書藝文志莊子五十二篇，卽司馬彪孟氏所注是也。」又曰：「彪注二十一卷五十二篇……內篇七，外篇二十八，雜篇十四，解說三。」（釋文敍錄）倘陸氏之言不誣，則以今本莊子之內篇七，外篇十五，雜篇十一相校，尚缺外篇十三，雜篇三，解說三，合共十九篇也。

釋文敍錄又云：「莊生宏才命世，辭趣華深，正言若反，故莫能暢其弘致。後人增足，漸失其眞。故郭子玄云：『一曲之才，妄竄奇說，若閼奕意修之首，危言游鳧子胥之篇，凡諸巧雜，十分有三。』」漢志五十二篇，十之三約爲十六，與十九之數，極爲相近。

姚鼐曰：「夫莊子五十二篇，固有後人雜入之語。今本經象所刪，猶有雜入。其辭義可

決其必非莊生所爲者。然則其十九篇，恐亦有眞莊生之書，而爲象去之矣。」（莊子章義）

此十九篇之篇名若何？墜緒茫茫，無可考稽，可考者十篇而已。

㈠閼奕篇

㈡意脩篇

㈢危言篇

㈣遊鳧篇

㈤子胥篇

按：釋文敍錄引郭子玄云：「若閼奕意脩之首，危言游鳧子胥之篇」，釋文所云「之首」，首卽頭也。頭卽篇題也。故閼奕，意脩，危言，游鳧，子胥，皆篇名也。其言與日本高山寺舊鈔卷子本莊子殘卷郭象後語所云：「若閼亦意脩之首，尾言、遊易、子胥之篇」，文頗相同，字略有異。武內義雄莊子考云：「閼亦當作閼奕，尾言當作卮言，遊易當作遊鳧。」又按：子胥、閼奕、遊鳧等篇有佚文，見本編所輯第一大類。

㈥畏累虛篇

按：史記老莊申韓列傳云：「畏累虛亢桑子之屬，皆空語無事實。」索隱稱畏累虛乃篇名。至亢桑子，卽是庚桑楚，今本莊子有庚桑楚篇。另僞書中有亢倉子，亦題周庚桑楚撰，不足爲訓也。

(七)惠施篇

按：北齊書杜弼傳云：「弼曾注莊子惠施篇。」今本莊子天下篇後半，「惠施多方」以下，論者多以其別爲一篇，疑即此篇是也。蔣伯潛曰：釋文於天下篇「惠施多方」句以下，絕不引崔向二氏之注及音。此下之文，與列子仲尼篇後半相似。張湛列子注，凡與莊子相同或相似處，常引向秀莊子注，仲尼篇後半絕未引及。是崔向二氏未嘗有注及音也。如本爲一篇，何以獨留此一段不注，可疑一。天下篇於所評述之諸子，每段皆曰：「…古之道術，有在於是者……聞其風而悅之」，惠施一段獨否，可疑二。天下篇極似莊子之序，以前歷舉各派，皆各有所短，各有所長，惟於道家所傳誦之關尹老聃，則但言其長，不訾其短，莊周則獨成一段，列於最後，尤備加贊揚。蓋纂莊子者所爲之序也。後又綴以惠施一段，殊爲不倫，可疑三。蓋本別爲一篇，注者以爲與天下篇同屬評述當時學者之文，而合併之也。（諸子通考）並請參看本編第六章分篇討論——雜篇部份天下第三十三之「價値研判」。

(八)馬捶篇

按：南史文學傳何思澄傳云：「何子朗……嘗爲敗家賦擬莊周馬捶。」淸孫志祖讀書脞錄續編云：「蓋馬捶亦逸篇也。」

(九)莊子略要

按：文選江文通雜體詩注，謝靈運入華子岡詩注，陶淵明歸去來辭注，任彥昇齊竟陵王文宣王行狀注並引。「略要」玉海作「要略」，今淮南子有要略訓，但無所引之語。清俞正燮癸巳存稿以其下並引司馬彪注，當是莊子逸篇之文，此佚篇司馬彪注本中尚有之者。如俞氏所說，則略要亦爲莊子篇名。（語本蔣伯潛諸子通考）

（三）莊子后解

按：見文選張景陽七命注引。王叔岷先生疑略要后解兩篇，乃淮南子外書之逸篇。（見莊子校釋）但據陸德明釋文敍錄所云，莊子五十二篇本尚有「解說」三篇，且李善先引莊子而後出后解，則后解非淮南子之佚篇，似屬司馬彪本莊子末尾解說三篇之一也。從而可知，略要亦係「解說」之文也。

二、莊子佚文考

太史公稱莊子著書十餘萬言；今觀其制，內外雜篇通共不過六萬四千六百餘字而已（詳見第一章）。故就字數而論，今本莊子所亡失者，當在三萬與五萬之間，幾與今存之莊子相埒，不爲不多矣。是以古今學者，沈浸故書，多爲之上搜下覓，輯佚鉤沈，以圖復其舊觀。

初爲此項工作者，爲宋之王應麟。彼於所爲困學記聞中，依據太平御覽、藝文類聚、文選注、後漢書注、世說新語注等，搜羅莊子佚文凡三十九條。其後翁元圻爲之「輯注」，萬希槐爲之「集證」，皆未能有所補益。至閻若璩引漢嚴遵老子指歸，補充八條，則甚爲冗長，文與義去莊子遠甚，全祖望、張南漪已斥其妄，其不足據明矣。其後孫志祖輯得一十三條，然考之未精，其文句有與王書稍異者，亦有今本文句而視作佚文者。至於黃奭逸莊子一卷（見漢學堂叢書黃氏逸書考）王仁俊莊子逸文一卷（見經籍佚文）及孫馮翼、茆泮林之所纂，則係輯司馬彪注本所得之逸文。因亦得若干事，出諸家所錄之外。

民國十二年九月，馬敍倫著莊子義證，並附莊子佚文一卷於後（該書民國十九年出版）。其所搜集，範圍甚廣，包括李昉太平御覽、桓譚新論、韓嬰韓詩外傳、張華博物志、張湛列子注、歐陽詢藝文類聚、劉孝標世說新語注、徐堅初學記、白居易六帖、虞世南北堂書鈔、釋慧寶北山錄注、陳文耀天中記、仲長統昌言、謝靈運山居賦自注、顧野王玉篇、梁元帝金樓子、釋僧順三破論、杜臺卿玉燭寶典、陸法言切韻、成玄英老子義疏、李賢後漢書注、司馬貞史記索隱、李善文選注、慧琳一切經音義、湛然輔行記、楊倞荀子注，以及淮南子、山海經等書，共得一百二十八條，成就頗爲可觀。馬氏自云：「其間或有所疑，輒附所見，然宋以前載籍所引，當猶有可搜獲者，即前列諸書中，許有披覽疏略，以致漏失者。」（見天馬山房叢書）可見馬氏所輯，尚非甚備也。

民國三十三年，王叔岷先生承馬氏之作，復增二十餘事，得一四九條，附於莊子校釋之後，爲佚文中之最完備者。

玆據前賢所作，重爲整理，校去其重複，釐正其文句，並爲之重新歸類，附以己意，臚列於后，以備學者之採取焉。（每條之首，以△引起；其有▲號者，表示佚文中有司馬彪注或疑似司馬彪注，其價值更應加倍重視。）

【第一類】　佚文內容與今本莊子極相近者

△徧謂周曰：「吾知道，近乎無內，遠乎無外。」（文選七命注）

馬敍倫曰：知北遊篇曰：「至道若是，大言亦然。周徧咸三者，異名同實，其指一也。嘗相與游於無何之宮，同合而論，無所終窮乎！」疑此乃知北遊篇逸文。

△夫無形故無不形，無物故無不物。不物者能物物，不形者能形形，故形形物物者，非形非物也。夫非形非物者，求之於形物，不亦惑乎？（唐僧荆溪止觀輔行口訣引周弘正釋「三玄」語所引）

按：據周弘正所云，此文在莊子內篇，而今本莊子無此文。

△人長七尺不爲大，蟣螻七寸而得大名。（滂喜齋叢書本輔行記三之一）

按：此言大小之分，並非絕對。與齊物論思想合。

△假令十寸之杖，五寸屬晝，五寸屬夜，晝主陽，夜主陰，陽主生，陰主死，之晝復夜，生復死，雖一尺之丈，陰陽生死之理，無有窮時。（舊鈔本文選江文通雜體詩注）

△莊周病劇，弟子對泣之。應曰：「我今死，則誰先？更百年生，則誰後？必不得免，何貪於須臾？」（意林引桓譚新論，馬敍倫疑其亦爲莊子之文）

△生乃徭役，死乃休息。㊀（淮南子俶眞訓注）

△化窮數盡謂之死。（文選蕪城賦注）

按：以上四條，皆屬勘破死生，順乎大化之思想，與齊物論：「予惡知說生之非惑邪？予惡知說死之非弱喪，而不知歸者邪？」若合符節。

△猨之於木，若蟻蠑於地也。（一切經音義六六、六九）

按：此言凡物之性，各有所適，不可執著，亦係莊子齊物論思想之範疇也。

▲大鵠飽食，仰天而嘘。（太平御覽九二五）

按：逍遙遊云：「適莽蒼者，三飡而反，腹猶果然。」言小大皆有所待也。所待得，則逍遙矣。

△聲氏之牛，夜亡而過夔，止而問焉，曰：「我尚有四足，動而不善，子一足，而起踊，何以然？」夔曰：「以吾一足，王於子矣。」（太平御覽八九九）

按：秋水篇：「夔謂蚿曰，吾以一足，跉踔而行，予无如矣。今子使萬足，獨奈何？」其事與此相類。

△生物者不生，化物者不化。（湖海樓叢書本列子天瑞篇張湛注）

按：此意與知北遊：「物物者非物，物出不得先物也」相通。

△至人之道如鏡，有明有照，有引有致，明則物斯監也。（北堂書鈔一三六）

按：德充符云：「鑑明則塵垢不止，止則不明」「人莫鑑於流水，而鑑於止水，惟止能止衆止」，應帝王云：「至人用心若鏡，不將不迎，應而不藏，故能勝物而不傷」，天道篇云：「水靜猶明，而況精神。聖人之心，靜乎天地之鑑也，萬物之鏡也。」所言皆同一理。

▲市上之人，有善戴尊者，累十尊而行千里，與之更者，行道未半，而以其尊顚。（太平御覽七六一）

按：此與達生篇痀僂累丸，梓慶削木爲鐻同出一理，言其用志不分，乃凝於神，且能神乎其技也。

△馬血之爲燐也，人血之爲野火也，大鴿之爲鸇，鸇之爲布穀，布穀之復爲鴿也。燕之爲蛤也，田鼠之爲鶉也，老韭之爲莧也，老羭之爲猨也，魚卵之爲蟲也，此皆物之變者。（太平御覽）

△田鼠化爲鶉。（巴黎國民圖書館藏唐寫本切韻殘卷十八諄鶉字下、太平御覽九二四）

△鴿爲鸇，鸇爲布穀，布穀復爲鴿，此物變也。（藝文類聚九一、太平御覽九二四）

▲童子埋蜻蛉頭而爲珠。（太平御覽九五〇）

△朽瓜化爲魚，物之變。（藝文類聚八六）

按：以上五條，言萬物之變化。寓言篇：「萬物皆種也，以不同形相禪，始卒若環，莫得其倫，是謂天鈞。」至樂篇第八段，亦言萬物變化，若輪廻之循環。

△許由字武仲，隱於沛澤之中，堯聞之，乃致天下而讓焉。由以爲污，乃臨池洗耳。其友巢父飲犢，聞由爲堯所讓，曰，何以污吾犢口！牽於上流而飲之。（後漢書崔駰傳注、高士傳）

△堯讓天下於許由，由遂逃箕山，洗耳潁水。（史記伯夷列傳索隱）

△堯以天下讓許由，許由不受，退而耕於潁水之陽，終身不見。（太平御覽八二二）

按：讓王篇曰：「堯以天下讓許由，許由不受，又讓於子州支父……」又曰：「舜以天下讓善卷……遂不受。於是去而入深山，莫知其處。」此乃隱括其文意而爲之。

△孔子舍於沙丘，見主人，曰：「辯士也。」子路曰：「夫子何以識之。」曰：「其口窮踦，其鼻孔大，其服博戲，其睫流揭，其舉足也高，其踐地也深，鹿與而牛舍。」（太平御覽四六四）

△惠子始與莊子相見而問焉。莊子曰：「今日自以爲見鳳凰，而徒遭燕鵲耳。」坐者皆笑。（太平御覽四六六）

按：以上兩條，諷刺名家與非難辯者。莊子書中，論及名家及辯者一類之文句極多，如德充符篇第七章，天地篇第九章，秋水篇第十一章，庚桑楚篇第八章，徐无鬼篇第五章，天下篇第十章，皆其例也。

△今始人生而未嘗睹芻豢稻粱也，惟菽藿糟糠之爲睹，則以至足爲在此也。俄而粲然有束芻稻粱而至者，則倘然視之，曰，此何怪也。彼臭之而無嗛於鼻，嘗之而甘於口，食之而安於體，則莫不取此而棄彼矣。（記纂淵海）

按：原書云天運。但今本天運無此文。

△庚市子肩之毀玉也。（文選七命注）

馬敍倫曰：文選又引淮南子莊子后解曰：庚市子，聖人也，無欲者也。人有爭財相鬥者，庚市子毀玉於其間，而鬥者止也。

▲江海之士，山谷之人，輕天下，細萬物，而獨往者也。（文選江文通雜體詩注，謝靈運入華子岡詩注，陶淵明歸去來辭注，任彥昇竟陵王文宣王行狀注並引，稱淮南王莊子略要）

按：略要亦莊子佚篇篇名也，說見本章第一節莊子佚篇考。

△夫差瞑目東粵。（文選廣絕交論注）

馬敍倫曰：疑此爲音義所稱子胥篇文。

▲闕奕之隸，與殷翼之孫，遏氏之子，三士相與謀致人於造物，共之元天之上。元天

者，其高四見列星。（文選車駕幸京口侍遊蒜山作詩注）

馬敘倫曰：此卽音義所謂閼奕篇文。

△游鳧問於雄黃曰：「今逐疫出魅，擊鼓呼噪，何也？」（雄黃）曰：「昔黔首多病㊁，黃帝氏立巫咸，敎黔首，使之沐浴齋戒以通九竅，鳴鼓振鐸以動其心，勞形趨步以發陰陽之氣。春月，毗巷飲酒茹葱，以通五藏〔也〕㊂。夫擊鼓呼噪，非以逐疫出魅〔鬼〕㊃，黔首不知，以爲魅祟也。」（玉燭寶典）

按：疑此卽晉義所謂遊鳧篇之文也。

△牧馬小童謂黃帝曰，熱艾宛其聚氣。雄黃亦云，燔金熱艾，以灸其聚氣。令以點爲灸，直取其名。（玉燭寶典七）

王叔岷曰：疑比亦游鳧篇之文。

△聖人之形，不異凡人，故耳目之用衰也。至於精神，則始終常全耳。（大正藏續論疏部三論玄義檢幽集三）

△夫去智任性，然後神明洞照，所以爲賢聖也。

【第二類】　佚文內容有可與老子思想相參者

莊子書中，常有發揮老子思想之處，故此類佚文，亦頗具有參考之價值。

△此之謂要妙。（文選七里瀨詩注）

馬敘倫云：「老子曰：雖智大迷，是謂要妙。」（按：見二十七章）

△其生也柔脆，其死也枯槁。（文選廬陵王墓下作詩注）

馬敘倫曰：老子有此文。

按：老子七十六章：「萬物草木之生也柔脆，其死也枯槁。」

△天下大器是也。（史記伯夷列傳索隱）

按：老子二十九章：「天下神器，不可爲也。」

△軸不運而輪致千里也。（文選運命論注）

按：此與老子二十六章「重爲輕根，靜爲燥君」意合。

△豫章初生，可抓而絕。（文選上書諫吳王注）

按：老子第六十四章云：「合抱之樹，生於毫末」又：「天下大事，必作於細」，與此意合。

△禍福生於得失，人災由於愛惡。（大正藏經疏部淨土三部經音義二）

按：老子十三章云：「寵辱若寵，貴大患若身，何謂寵辱若驚？寵爲下，得之若驚，失之若驚，是謂寵辱若驚。何謂貴大患若身？吾所以有大患者，爲吾有身，及吾無身，吾有何患。」四十四章云：「名與身孰親？身與貨孰多？得與亡孰病？是故甚愛必大費，多藏必厚亡。」可與相參。

△大勇不鬥，大兵不寇。（太平御覽四三七，呂氏春秋貴公）

按：老子二十八章：「大制不割。」四十一章：「大白若辱……大方無隅，大器晚成，大音希聲，大象無形……」四十五章：「大成若缺……大盈若沖……大直若屈，大巧若拙，大辯若訥。」句法含義與此皆甚相近。

△驟雨不終日。（事文類聚前集五）

按：又見老子二十三章。

【第三類】佚文內容，具有道家別派思想之氣味者

△言不廣，不足以明道。（涵芬樓本弘明集八僧順釋三破論）

△言道以堯與老子爲主。（舊鈔本文選江文通雜體詩注）

△亡羊而得牛，斷指而得頭。（太平御覽三六四）

按：淮南子說山云：「人情於利，則爭取大，害則爭取小。」

△天即自然。（大正藏經疏部大方廣佛華嚴經隨疏演義鈔）

△不知所以然而然，故曰自然。（同上）

△秋禽之肥，易牙和之，非不美也，彭祖以爲傷壽，故不食之。（太平御覽八四九）

△謂之不善持生。（山居賦自注）

△君子齋戒，處心掩身。身欲寧，去聲色，禁嗜欲，安形性，靜以待陰陽之定。（記纂淵海二）

△左手據天下之圖，右手刎其喉，愚夫猶知之。㊄（王先謙刊後漢書、仲長統昌言法誡篇）

按：此條及前三條，言養生貴身之理，乃道家之所常言。

△小巫見大巫，拔茅而棄，此其〔所以〕終身弗如也㊅。（太平御覽七三五）

▲宋桓侯築蘇宮，使蔡謳，觀者數百倍，去之，無有憂色，君乃賞蔡。（太平御覽四八八）

▲夫輕爵祿者，人之所托材。（文選七啓注）

按：輕得失、成敗、爵祿，合於道家之淡泊思想。

△吾亡是非，不亡彼此。（廣弘明集釋法琳廣析疑論）

△善卷，堯聞其得道之士，乃北面而師事之。蒲衣八歲，而爲舜之師。（太平御覽四、天中記二十）

△楚狂接輿者，楚人也，耕而食。楚王聞其賢，使使者持金百鎰、車二駟聘之，曰：「願煩先生理江南。」接輿笑而不應，使者去而遠徙，莫知所之。（後漢書崔駰傳注）

按：接輿不仕，合於道家退隱之風。

▲祝牧謂其妻曰：「天下有道，吾轂子佩；天下無道，吾負子戴。」（太平御覽六九一）

△鵲上高城之垝，而巢於高榆之顛⑦，城壞巢折，淩風而起。故君子之居世也，得時則義行，失時則鵲起。（藝文類聚八八）

按：得時則仕，失時則隱，乃係隱者思想之又一型態。

△兩神女⑧浣於白水之上者，禹過之而趨，曰：「治天下奈何？」女曰：「股無胈，脛不毛，顏色凍裂，手足胼胝，何〔足〕以至是也⑨？」（文選難蜀父老文注）

△養性愛民。（北堂書鈔十五）

△功不賞，賢不使。（北堂書鈔一五）

△無為而天下化。（北堂書鈔十五）

▲禮若亢鋸之柄。（太平御覽七六三）

△無為無治⑩，謂之道基。（文選雜詩注）

按：以上所言為治之道，與道家思想合。

△介闔閭里有狗，宋人之驁狗也，其家命之為淖。逐狗不及，止而望之，自以為過矣。（明刊本天中記五四）

△空閱來風⑪，桐乳致巢，此所以能苦其性者。（文選江賦注）

▲尹儒學御，三年而無所得。夜夢受秋駕於其師。明日，往朝其師。其師望而謂之曰：「吾非獨愛道也，恐子之未可與也，今將敎子以秋駕。」（文選魏都賦注）

△海人有機心，鷗鳥舞而不下。（宋書謝靈運傳、山居賦注）

按：列子黃帝篇云：「海上之人，有好漚鳥者，每旦之海上，從漚鳥游，漚鳥之至者百住而不止。其父曰，吾聞漚鳥皆從汝游，汝取來吾玩之。明日之海上，漚鳥舞而不下也。」此蓋隱括其意，而又誤列爲莊。（列子中時有莊子書之資料，或者五十二篇本莊子，亦有此文，未可知也。）

【第四類】 佚文內容具有他家思想或辯者氣味者

△田光答太子曰：「竊觀太子賓客，無可用者。夏扶血勇之人，怒而面赤，宋意脈勇之人，怒而面青，武陽骨勇之人，怒而面白。光所知荊軻，神勇之人，怒而色不變。（太平御覽四三七）

馬敍倫曰：燕太子丹使荊軻刺秦王，事在宋康死溫後六十年，去莊子死久矣，疑此乃引燕丹子。

△楚人賣矛及楯者，見人來買矛，卽謂之曰：「此矛無何不徹。」見人來買楯，則又謂之曰：「此楯無何能徹者。」買人曰：「還得爾矛刺爾楯若何？」（文選樓本春秋哀二年穀梁傳疏）

按：尸子：楚人有鬻矛與盾者，譽之曰：吾盾之堅，莫能陷也。又譽其矛曰，吾矛之利，於物無不陷也。或曰，以子之矛，陷子之盾，何如？其人弗能應也。

△梁君出獵，見白雁羣集。梁君下車，彀弓欲射之。道有行者，〔梁君謂行者止，行者不止〕㊂白雁羣駭。梁公怒，欲射行者，其御公孫龍下車，撫其心。梁君忿然作色，怒曰：「龍不欲其君而顧與他人，何也？」公孫龍對曰：「昔者齊景公之時，天旱三年。卜之，曰，必以人祠，乃雨。景公下堂，頓首曰：『吾所以求雨者，爲民也。今必使吾以人祠，乃且雨，寡人將自當之。』言未卒而天下大雨，方千里，何？爲有德於天而惠施於民也。今主君以因白雁之故而欲殺人，無異於虎狼！」梁君與援手上車，歸，入郭門，呼萬歲曰：「樂哉，今日也。人獵皆禽獸，吾獵得善言而歸。」（北堂書鈔四五七）

△趙簡子出田，鄭龍爲右，有一野人。簡子曰：「龍下射彼，使無驚吾馬。」三命鄭龍，鄭龍不對，簡子怒。鄭龍曰：「昔〔吾先君伐衞免曹，退爲〕踐土之盟，不戮一人。〔吾今一朝田，而必曰，爲我殺人；是〕虎狼殺人，固將救之。簡子〔愀焉，曰：「不愛其身以活人者，可無從乎！」〕還車，輟田，曰：「〔人之田也得獸，〕今吾田也得士。」㊃（太平御覽四五七）

△齊景公好馬，命使善畫者圖之，訪似者，朞年不得。（杜工部草堂詩箋一）

△子張見魯哀公，哀公不禮焉，〔語僕夫而去〕。曰：「〔臣聞君好士，故不遠千里以見〕㊄。君之好士也，有似葉公子高之好龍。〔葉公好龍，室屋彫文，盡以寫龍〕〔雕

文畫之」，於是〔天龍〕聞而下之，窺頭於牖，拖尾於堂，葉公見之〔退走〕，失其魂魄，五色無主，是葉公非好〔眞〕龍也，好夫似龍而非龍也。今君非好士也，好夫似士〔而非士〕者。」㊂（藝文類聚九六）

△葉公見龍，失其魂魄，五情無主。（勸進表注）

△叔文相莒，三年，歸，其母自績。謂〔其〕母曰：「文相莒三年，有馬千駟，今母猶〔自〕績，文之所得事，皆將棄之巳。」母曰：「吾聞君子不學書射御，必有博塞之心；小人不好田作，必有竊盜之心；婦人不好紡績織紝，必有淫佚之〔心〕㊃。好學爲福也，猶飛鳥之有羽翼也。」（太平御覽六〇七）

△孔子病，子路出卜。孔子曰：「汝待也，吾坐席不敢先，居處若齋，飲食若祭，吾卜之久矣。」（太平御覽八四九）

△愼子曰，廊廟之林，蓋非一木之枝也。（事文類聚後集二十三）

△神龍失水而陸居，爲螻蟻所制。（事文類聚後集二十三，合璧事類別集六十三）

△君子內無饑寒之患，外無劫奪之憂。（史記日者列傳）

△人之去穢累，若鏡之見磨飾。（舊鈔本文選江文通雜體詩注）

▲人而不學，命之曰視皮㊄〔而食〕㊅；學而不行，命之曰撖囊㊆。（太平御覽七〇四）

△襄公之應司馬目夷，知大禮者也。（文選西征賦注）

△廉者不食不義之食，不飲不義之水。（太平御覽八四九）

▲青鵽愛子忘親。（太平御覽九二三）

△謂之刑法以守之。（說文繫傳一四）

【第五類】語涉怪異或具有陰陽家氣味者

△老子見孔子從弟子五人，問曰：「〔前〕㉛為誰？」對曰：「子路為勇〔且多力〕㉜，其次，子貢為智，曾子為孝，顏回為仁，子張為式。」老子嘆曰：「吾聞南方有鳥，其名為鳳。〔鳳之〕㉝所居〔也〕㉞，〔積〕㉟石千里，〔河水出下，鳳凰居上〕㊱。天為生食，其樹名瓊枝，高百〔二十〕㊲仞，〔大三十圍〕㊳，以璆琳琅玕為實，又為生離珠，一人三頭，遞臥遞起，以伺琅玕〔與玕琪子〕㊴。鳳鳥之文，戴聖嬰仁，右智左賢。」（藝文類聚引）

△師曠為晉平公作清角，一奏，有雲從西北起；再奏，大雨大風隨之。裂帷幕，破俎豆，墮廊瓦，平公懼，伏於室內。（太平御覽七六七）

△闔閭試其民於五湖，劍皆加於眉，地流血，幾不可止。（太平御覽四三七）

△金鐵蒙以大緤，戴六驥之上，則致千里。（太平御覽八一三）

△童子夜嘯，鬼數若齒。㊵（藝文類聚十九）

△被髮童子，日月照之則行。(白孔六帖二十八)

△鄧雞於戶，懸葦炭於其上㊱，插桃其旁㊲，連灰其下，(童子入而不畏)，而鬼畏之，(是鬼智不如童子也)。㊳(玉燭寶典)

△莊子謂惠子曰：「羊溝之雞，三歲爲株，相者視之，則非良雞也，然而數以勝人者，以狸膏塗其頭。」(藝文類聚九一，太平御覽九一八)

△海水三歲一周，流波相薄，故地動。(藝文類聚八，白孔六帖六，太平御覽三六)

△槐之生也，入季春五日而兎目，十日而鼠耳，更旬而始規，二旬而葉成。(太平御覽九五四木部)

△陽炙陰爲虹。(藝文類聚二，太平御覽十四)

△陰陽分爭爲雷。(北堂書鈔一五二，太平御覽一三)

△陰氣伏於黃泉㊴，陽氣上通於天，陰陽分爭故爲電。玉女投壺，天爲之笑，則電。(藝文類聚二)

△流脈並作，則爲驚怖，陰氣獨上，則爲顛病。(太平御覽七五二)

△夢者陽氣之精也。心所喜怒，則精氣從之。(太平御覽三九七)

【第六類】 難以分辨其性質者

此類佚文，可包括以下數種情形：其一，文字殘缺，無從考證者；其二，文字雖全，但語意含混，難窺其指者；其三，文字已全，語意清楚，而不知其究竟表現何種思想者：

▲仲尼讀書，老聃倚竈觚而聽之。曰：「是何書也？」曰：「春秋也。」（藝文類聚八十）

△仲尼曰，商賈且於市井以求其贏。（文選江文通從冠軍建平王登廬山香爐峯詩注）

▲宋桓侯行，未出城門，其前驅呼避，至於家，家人正之，以爲狂也㊂。（太平御覽七三九）

△易姓而王，封於泰山，禪於梁父者，七十二代，其有形兆垠堮勒石凡千八百餘處。（後漢書祭祀志劉昭注）

△以十鈞射者，見天而不見雲。以七鈞射者，見鵠而不見鶴。以五鈞射者，見鶴而不見雀。（藝文類聚七四）

△文惠君彈臣彈焉，爲具彈雀人第十丸，君得丸（疑當作九）而爲得一，君賞而罰爲也。（北堂書鈔一二四）

△走卒驚蹕，叫呼而行，世俗之所富貴也。（北堂書鈔一三〇）

△出處語默。（唐釋湛然輔行記八）

△襄公聽司馬曰，夷知大體者也。（文選潘安仁西征賦注）

△象見子皮，無遠近而泣。（白孔六帖二九）

△陽燧見日，則燃爲火。（太平御覽淮南子天文訓）

△紂觀炮烙於瑤台，謂龍逢曰，樂乎？（記纂淵海四三）

△智似深淵，明如日月，謂之望。（初學記十七）

馬敍倫曰：「此文引次所引徐無鬼篇分人以財謂之聖下，疑非莊子文。」

▲紼謳所生，必於斥苦。（世說新語注、蘊石齋本，初學記十四，太平御覽五五二）

△吾與汝處於魯之時，人用意如飛鴻者，吾以弓弩射之；如游鹿者，吾走狗而逐之；用意若井魚者，吾鈎繳以投之。（天中記五六，又神仙傳一）

△坐而至越者舟也。（說文繫傳三）

△四時常保其青青。（事文類聚後集二三）

△鷦螟巢於蚊睫。（一切經音義八六，晏子春秋外篇，列子湯問篇）

△善浮者不溺。（一切經音義八八）

△夸父追日角走，渴死於北地。（一切經音義九三，山海經海外北經、大荒北經、列子湯問篇）

△老槐生火，久血爲燐，人弗怪也。（事類賦八、地部三）

△蛣蟯之智，在於轉丸。（事類賦三〇，蟲部）

△唯在屋下，不出而愚也。（北山錄譏異說第十注）

△干將補履，不如兩錢之錐。（合璧事類別集外篇四〇）

▲鳳，羽族之美。（白孔六帖二九）

▲今以木爲舟，則稱徧舟大白㊂。（北堂書鈔一三七）

△地三年，種蜀黍，其後七年多蛇。（士禮居叢書本博物志）

△晉之善戰者牛丑，以寡擊衆。（文選馬汧督誄注）

△堯問孔子。（桓譚新論、鮑崇城刊本太平御覽六〇二引）

▲仲尼曰：「商賈且於市井以求其贏。」（文選行藥至城東橋詩注）

△潛鯁春日毀滴而葢衢者，鱓也。（古佚叢書本玉燭寶典）

△多言而不眥。（王先謙刊漢書司馬相如傳蕭該音義）

▲函牛之鼎沸，蟻不得置一足焉。（太平御覽九四七）

▲鹹者不作，而欲食之，夜必夢飲三冷。（北堂書鈔）

△其所矜惜，無非名善。（劉承幹刊道藏本成玄英老子義疏）

△騰水溢上爲霧。（北堂書鈔一五一，太平御覽一五）

△積水上溢故爲霧。（白孔六帖一）

△川谷通氣故飄風。（文選江賦注）

△盧敖見若士，深目鳶肩。（太平御覽三之九）

△羌人死，燔而揚其灰。（太平御覽七九四）

△周周銜羽以濟河。（太平御覽九二八）

△乃有雞子，五熏鍊行。（太平御覽）

△問焉則顧然。（玉篇）

▲綏夫正陘。（玉篇）

△大甘而噑。（玉篇）

△陷大矛。（玉篇）

△乘時鵲起。（顏氏家訓）

△務成子。（唐寫本切韻殘卷十四清成字下）

△嫗雞搏狸。（藝文類聚九一，文子上德篇）

△碧雞之詞。（白孔六帖三）

△仲尼諱汝一方。（古佚叢書本玉篇）

△出處語默。（唐釋湛然輔行記八）

△所以咢人。（玉篇）

△國有待絯而後見。（玉篇）

△甘纙竆勁。（玉篇）

△螝二首。（抱經堂叢書本顏氏家訓）

△譽喝而不犯。（玉篇）

△耒二地。（孔廣陶刊北堂書鈔七）

△送人以軒。（史記孔子世家索隱）

△雅買矣。（水經漯水注）

△警策我也。（草堂詩箋二三）

△人生幾何。（草堂詩箋補遺一，補遺五）

【第七類】以爲佚文而實非佚文者

此類文句，或係就莊子原文，改動一二字，或就莊子原文，約取其意；或直係莊子之注文，而輯者不愼，誤認爲佚文。

△鵙，嗜鼠之鳥也。（太平御覽九二四）

馬敍倫云：齊物論篇曰：鵙鴉嗜鼠。秋水篇曰：鵙得腐鼠。疑此或取莊子語意，或是注文。

△不肖繫俗膏拘囚之皃。（文選鵩賦注）

馬敍倫曰：按人間世篇曰，剋核太至，則必有不肖之心應之。疑此乃其注文。

△全德不刑。（知不足齋叢書本金樓子）

按：德充符篇作「全德不形」。「刑」蓋「形」之譌。

△聽居居，視于于。（荀子儒效篇注）

馬敍倫云：應帝王篇曰：泰氏其臥徐徐，其覺于于。盜跖篇曰：臥則居居，起則于于。此聽字當是臥字之譌，疑非逸文。

△殺盜賊不爲殺人。（古逸叢書本荀子正名篇楊倞注）

按：莊子天運篇云：殺盜非殺人。

△鉗墨翟之口。（文選西征賦注，上建平王書注，爲袁紹檄豫州注，謝平原表內史注）

馬敍倫云：胠篋篇曰：鉗楊墨之口。疑此非逸文。

△尾閭之穴，上下出也。（白孔六帖六）

馬敍倫曰：疑秋水篇注文。

△誙誙如也。（唐寫本切韻殘卷十三耕誙字下）

馬敍倫曰：疑此卽至樂篇之誙誙然如將不得已，文有省易耳，非佚文。

△以足言之，則殤子爲壽；不足論之，則彭祖爲夭。（舊鈔本文選江文通雜體詩注）

按：齊物論云：天下莫大於秋毫之末，而泰山爲小；莫壽於殤子，而彭祖爲夭。此蓋其注文也。

△上不盜於无，下不依於有，不知所以然而然，忽然而生，故曰自然之生也。（講周易疏論家義記殘卷）

王叔岷曰：疑向注天地篇逸文。

△生者死之悲，死者生之悲也。（影本北山錄五注）

馬敍倫云：知北遊篇曰：生者死之徒，死也生之始，疑此即知北遊篇文。

△夫人生天地之間，猶騁駟而過隙，然在用之，有盈匱，爨之不足，食之則厭。一則令人用其身也，若爨之然，故曰不足。若用之於善，則與天地相弊。（藝文類聚八九）

馬敍倫曰：此文次人間世「桂可食故斧伐之」下，今本無之。知北遊篇曰：人生天地之間，若駒之過隙，與此首二句小異，疑此注文。

△郤人謂郤王曰：絜吾妻子以從王乎此。（文選故安陸昭王碑注）

馬敍倫曰：「讓王篇，民相連而從之，遂成國於岐山之下。疑此亦括莊子語意，非逸文」。

△小人殉財，君子殉名，天下皆然，不獨一人。（文選王仲宣誄注）

按：盜跖篇有「小人殉財君子殉名」兩句。又駢拇篇曰：「小人則以身殉利，士則以身殉名，大夫則以身殉家，聖人則以身殉天下」，與此意近，疑非佚文。

△宋有狙公者，恐衆狙之不馴於己也，先誑之曰：「予若芧，朝三而暮四」，衆狙皆超然而怒。（太平御覽九六四）

按：莊子齊物論曰：「狙公賦芧，曰，朝三而暮四，衆狙皆怒。然則朝四而暮三，衆狙皆悅。」此蓋其異文也。

△老子卒於扶風槐里。（北山錄五注）

馬敍倫曰：此蓋注文也。

△推而僵之。（玉篇人部）

按：此乃則陽篇文。

△鬼也，如鼓，一足。（白孔六帖）

王叔岷曰：當是司馬彪之注，見達生篇「山有夔」句釋文。

【附註】

㊀列子天瑞篇注作「死爲休息」。

㊁據太平御覽五三〇，當增「雄黃」二字，「病」字當作「疾」。

㊂據藝文類聚八二，初學記四，太平御覽二九校增。

㊃據太平御覽五三〇校增。

㊄「愚夫猶知之」，太平御覽四七四引韓詩外傳作「愚者不爲也」。淮南子精神訓、後漢書馬

融傳作「愚夫不爲」。

(六)據藝文類聚八二，太平御覽九九六校增。

(七)之垝，藝文類聚九二作「危」；榆，藝文類聚九二作「枝」，太平御覽九二八作「樹」。

(八)原作「祖女」，據太平御覽六三校改。

(九)據太平御覽六三校改。

(一〇)文選考異曰：「無治」，原本作「而治」。

(一一)「閱」，白孔六帖二，悼亡賦注皆作「穴」。

(一二)據北堂書鈔六六校增。

(一三)本條「　」內文句，皆依太平御覽八三二校補。

(一四)以上兩句，據太平御覽四七五校增。

(一五)以上各文句，據文選天監三年策秀才文注校增；「雕文畫之」四字以意刪。

(一六)「其」「自」二字，據太平御覽八二六校增；「心」字御覽八二六作「行」。

(一七)汲古閣本史記李斯傳索隱，「命」字作「譬」，「皮」字作「肉」。太平御覽六〇七，「命」字作「謂」。

(一八)據汲古閣本李斯傳索隱校增。

(一九)據北堂書鈔八三，「不行」作「拂命」，「撽囊」作「揖囊」。

(二〇)據太平御覽九〇五校增。

㉑據太平御覽四〇校增。

㉒據文選吳都賦注校增。

㉓據澤存堂本玉篇校增。

㉔據山海經海內西經校增。

㉕據太平御覽三九二，「數若」作「若數」。

㉖鄧雞，藝文類聚八六作「插桃枝」，太平御覽二九作「有掛雞」。懸葦，藝文類聚八六作「連」。

㉗捶，太平御覽二九作「樹」。

㉘兩括弧內文句，據藝文類聚八六校增。

㉙「黃泉」，明刊本六帖二作「重泉」。

㉚「至於家」以下，史記宋世家索隱作「蒙人止之，後爲狂也」。

㉛日本刊慧琳一切經音義八九，「木」字作「水」，「彌」字作「稱」。

【補記】 淮南子及列子中，多有保存莊子之資料者。今雖不能證其爲佚文，但莊子散篇之資料，後世作者，未必不有收入玆二道家書者。且據釋文所云，郭象刪定莊子，嘗去其「或似山海經，或類占夢書」者。今本列子淮南之中，類似文句所含甚多。如列子周穆王篇，有似占夢之文，而湯問篇之文，有似於山海經。而淮南子中，近似山海經，占夢書者，更不知凡幾。（參第二章）是故除本編所錄之佚文外，淮南、列子之中，亦不乏可資參考之資料。王叔岷先生莊子校釋曰：「卽郭氏所刪略之各篇，使今日見之，有足與今本三十三篇並存者，亦未可知（引「海上之人好鷗」及「尹需學御三年」兩條）如斯之類，厥例甚多，並無傷於巧雜，又何嘗不足與今本三十三篇之文並存乎？可知郭氏不免以私意去取矣。」蓋雖不能定其必爲佚文，但仍可能屬於五十二篇本莊子之文也。

又漢世嚴君平作老子指歸，稱引莊子者凡八條。然其文句冗長，曾經清代學者，指斥其妄，故本佚文，未予採納。特五十二篇本莊子，固極巧雜，片言隻字，又未必不有參考之價值。爰錄於后，以備研討。

(1)任車未虧，僮子行之；及其傾覆也，顚高墮谷，千人不能安。卵之未剖也，一指靡之；及其飛鴻也，奮翼凌雲，罾繳不能逵也。胎之能乳也，一繩制之；及其爲牡也，羅網不能禁也。虎也執羣獸，食牛馬，劍戟不能難也。故漣濁之流，久久而成江海，小蛇不死，化爲神龍。積微之善，以至吉祥；小惡不止，乃至滅亡。

(2)我之所以爲我者，豈我也哉？我猶爲身者非身；身之所以爲身者，以我存也。而我之所以爲我者，以有神也。神之所以留我者，道使然也。

(3)道之所生，天之所興。始，始於不始；生，生於不生；存，存於不存；亡，亡於不亡。

(4)夫起福生利成，功遂事備，物致用，使人大富。天下奢僭，財貨不足，民人愈醜。福滿山澤，金玉成積；國愈不安，民益少利，飾智相愚，以詐相要。防隄邪淫，姦宄之路密；

分別同異，是非之變衆；則國家昏而政事衰。作方邃伎，彫琢文彩，奇變異怪，以褒有德，以別尊卑，巧故滋起，俊出愈奇。令速賞深罰，峻刑嚴斲，肌膚斷，四支疏，遠不隱，親近不和。罪至夷滅，賞至封侯，天地振慄，盜賊愈多。

(5)夫饑而倍食，渴而大飲，熱而投水，寒而入火，所苦雖除，其身必死。胸中有瘕，不可鑿；喉中有疾，不可剝也。蠶蚉著面，不可射也；蟣蝨著身，不可斫也。

(6)夫日月之出入也同明，人之死生也同形，春秋之分也同利，玄聖之與野人也同容，通者之與閉塞也同事，道士之與赤子也同工：凡此數者，其中異而外同，非有聖人，莫之能明。

(7)夫陰而不陽，萬物不生；陽而不陰，萬物不成。天地之道，始必有終，終必有始。

(8)夫嬰兒未知，而忠信於仇讎；及其壯大有識，欺紿兄嫂。三軍得意，則下亡虜。窮谿之獸，不避兕虎。其爭非易，事理然也。（以上八條，錄自焦竑莊子翼。）

附：本書重要參考書目一覽表

中國學術思想大綱、林尹著。　中國哲學史大綱上冊、胡適著。　中國哲學史、馮友蘭撰。　四庫全書總目提要、紀昀編。　古書眞僞及其年代、梁啓超撰。　古今僞書考、清姚際恒撰。　僞書通考、張心澂編著。　古史辨、顧頡剛、羅根澤編。　老莊列三子知見書目、嚴靈峯編。　先秦經籍考、江俠庵撰。　周秦諸子概論、高維昌著。　周秦諸子考、劉汝霖著。　諸子百家考、日人兒島獻吉郎撰。　諸子平議、清兪樾撰。　諸子考釋、梁啓超撰。　諸子考索、羅根澤撰。　諸子通考、蔣伯潛撰。　讀子巵言、江瑔著。　子略、高似孫撰。　道家四子新編、嚴靈峯著。　老子與莊子、陳柱撰。　老莊哲學、吳康撰。　老莊哲學、胡哲敷撰。　老莊研究、嚴靈峯撰。　莊老通辨、錢穆撰。　莊子淺說、林琴南撰。　莊子衍義、吳康撰。　莊子學案、郎擎霄撰。　莊子學述、莊萬壽撰。　莊子研究、葉國慶撰。　莊子哲學、蔣錫昌撰。　莊子哲學、陳鼓應撰。　莊子篇目及眞贋考、日人武內義雄撰。　莊子因、林雲銘撰。　莊子故、馬其昶撰。　莊子解、王夫之撰。　莊子解、吳世尙撰。　莊子翼、焦竑撰。　莊子通、沈一貫撰。　莊子雪、陸樹芝撰。　莊子獨見、胡文英撰。　莊子公義、林希夷撰。　莊子義證、馬敍倫撰。　莊子集釋、周莊周撰、郭象注、成玄英疏、陸德明釋文、郭慶藩集釋、王孝魚整理。　莊子集注、阮毓崧撰。　莊子集解、王先謙撰。　莊子校釋、王叔岷撰。　莊子章㝝、胡韞玉撰。　莊子章義、姚鼐撰。　莊子詮詁、胡遠濬撰。　莊子新釋上冊、張默生撰。　莊子選注、沈德鴻撰。　南華眞經副墨、明陸西星撰。　南華眞經循本、羅勉道撰。

南華經傳釋、清周金然撰。　莊子南華經解、宣穎撰。　新鍥南華眞經三註大全、陳懿典撰輯、林希逸、陸西星、李衷一三家注。　讀莊子天下篇疏記、錢基博撰。　莊子逸篇、王應麟編。

莊子逸篇、茆泮林撰。　莊子逸語、茆泮林撰。　莊子逸篇輯注、翁元圻撰。　莊子逸篇集證、萬希槐撰。　老子注、周李耳撰、晉王弼注。　老子校釋、朱謙之撰。　老子、張起鈞著。

老子哲學、張起鈞撰。　列子注、周列御寇撰、晉王弼注。　列子集釋、楊伯峻撰。　孟子、趙岐注。　四書集注、朱熹撰。　荀子、戰國荀況撰。　晏子春秋、晏嬰撰。　呂氏春秋、呂不韋撰。　淮南子、劉安撰。　世說新語、劉義慶撰。　黃氏日鈔、黃震撰。　癸巳存稿、清俞正燮撰。　困學記聞、王應麟撰。

中華哲學叢書

莊子篇目考

作　　者／張成秋　著
主　　編／劉郁君
美術編輯／中華書局編輯部

出 版 者／中華書局
發 行 人／張敏君
行銷經理／王新君
地　　址／11494 台北市內湖區舊宗路二段181巷8號5樓
客服專線／02-8797-8396　　傳　　真／02-8797-8909
網　　址／www.chunghwabook.com.tw
匯款帳號／華南商業銀行　西湖分行
179-10-002693-1　中華書局股份有限公司

法律顧問／安侯法律事務所
印刷公司／維中科技有限公司　海瑞印刷品有限公司
出版日期／2015年7月再版
版本備註／據1971年初版復刻重製
定　　價／NTD 270

國家圖書館出版品預行編目（CIP）資料

莊子篇目考 / 張成秋著.-- 再版. -- 台北市 :
中華書局, 2015.07
面 ; 公分. -- (中華哲學叢書)
ISBN 978-957-43-2525-2(平裝)

1.莊子 2.研究考訂

121.337　　104009911

NO.B0016
ISBN 978-957-43-2525-2（平裝）